卞尺丹几乙し丹卞と
Translated Language Learning

Siddhartha

An Indian Poem
En Indisk Dikt

Hermann Hesse

English / Svenska

Copyright © 2024 Tranzlaty
All rights reserved
Published by Tranzlaty
Siddhartha – Eine Indische Dichtung
ISBN: 978-1-83566-699-9
Original text by Hermann Hesse
First published in German in 1922
www.tranzlaty.com

The Son of the Brahman
Brahmanens Son

In the shade of the house
I skuggan av huset
in the sunshine of the riverbank
i solskenet på flodstranden
near the boats
nära båtarna
in the shade of the Sal-wood forest
i skuggan av Sal-wood-skogen
in the shade of the fig tree
i skuggan av fikonträdet
this is where Siddhartha grew up
det var här Siddhartha växte upp
he was the handsome son of a Brahman, the young falcon
han var den stilige sonen till en brahman, den unge falken
he grew up with his friend Govinda
han växte upp med sin vän Govinda
Govinda was also the son of a Brahman
Govinda var också son till en brahman
by the banks of the river the sun tanned his light shoulders
vid flodens stränder garvade solen hans ljusa axlar
bathing, performing the sacred ablutions, making sacred offerings
bada, utföra de heliga tvättningarna, göra heliga offer
In the mango garden, shade poured into his black eyes
I mangoträdgården strömmade skuggan in i hans svarta ögon
when playing as a boy, when his mother sang
när han spelade som pojke, när hans mamma sjöng
when the sacred offerings were made
när de heliga offren bars fram
when his father, the scholar, taught him
när hans far, den lärde, lärde honom
when the wise men talked
när de vise männen talade

For a long time, Siddhartha had been partaking in the discussions of the wise men
Under en lång tid hade Siddhartha deltagit i diskussionerna mellan de vise männen
he practiced debating with Govinda
han övade på att debattera med Govinda
he practiced the art of reflection with Govinda
han utövade konsten att reflektera med Govinda
and he practiced meditation
och han praktiserade meditation
He already knew how to speak the Om silently
Han visste redan hur han skulle tala om tyst
he knew the word of words
han kunde ordens ord
he spoke it silently into himself while inhaling
han talade det tyst in i sig själv medan han andades in
he spoke it silently out of himself while exhaling
han talade det tyst ur sig själv medan han andades ut
he did this with all the concentration of his soul
han gjorde detta med all koncentration av sin själ
his forehead was surrounded by the glow of the clear-thinking spirit
hans panna var omgiven av den klarsynta andens glöd
He already knew how to feel Atman in the depths of his being
Han visste redan hur han skulle känna Atman i djupet av sitt väsen
he could feel the indestructible
han kunde känna det oförstörbara
he knew what it was to be at one with the universe
han visste vad det var att vara ett med universum
Joy leapt in his father's heart
Glädjen hoppade in i hans fars hjärta
because his son was quick to learn
eftersom hans son var snabb att lära sig
he was thirsty for knowledge

han var törstig efter kunskap
his father could see him growing up to become a great wise man
hans far kunde se honom växa upp och bli en stor vis man
he could see him becoming a priest
han kunde se honom bli präst
he could see him becoming a prince among the Brahmans
han kunde se honom bli en prins bland brahmanerna
Bliss leapt in his mother's breast when she saw him walking
Bliss hoppade i sin mammas bröst när hon såg honom gå
Bliss leapt in her heart when she saw him sit down and get up
Bliss hoppade in i hennes hjärta när hon såg honom sätta sig ner och resa sig
Siddhartha was strong and handsome
Siddhartha var stark och vacker
he, who was walking on slender legs
han, som gick på smala ben
he greeted her with perfect respect
han hälsade henne med fullkomlig respekt
Love touched the hearts of the Brahmans' young daughters
Kärleken berörde hjärtan hos brahmanernas unga döttrar
they were charmed when Siddhartha walked through the lanes of the town
de blev charmade när Siddhartha gick genom stadens gränder
his luminous forehead, his eyes of a king, his slim hips
hans lysande panna, hans ögon som en kung, hans smala höfter
But most of all he was loved by Govinda
Men mest av allt var han älskad av Govinda
Govinda, his friend, the son of a Brahman
Govinda, hans vän, son till en brahman
He loved Siddhartha's eye and sweet voice
Han älskade Siddharthas öga och söta röst
he loved the way he walked
han älskade sättet han gick

and he loved the perfect decency of his movements
och han älskade den perfekta anständigheten i sina rörelser
he loved everything Siddhartha did and said
han älskade allt Siddhartha gjorde och sa
but what he loved most was his spirit
men det han älskade mest var hans ande
he loved his transcendent, fiery thoughts
han älskade sina transcendenta, eldiga tankar
he loved his ardent will and high calling
han älskade sin brinnande vilja och höga kallelse
Govinda knew he would not become a common Brahman
Govinda visste att han inte skulle bli en vanlig brahman
no, he would not become a lazy official
nej, han skulle inte bli en lat tjänsteman
no, he would not become a greedy merchant
nej, han skulle inte bli en girig köpman
not a vain, vacuous speaker
inte en fåfäng, tom talare
nor a mean, deceitful priest
inte heller en elak, bedräglig präst
and he also would not become a decent, stupid sheep
och han skulle inte heller bli ett anständigt, dumt får
a sheep in the herd of the many
ett får i de mångas hjord
and he did not want to become one of those things
och han ville inte bli en av dessa saker
he did not want to be one of those tens of thousands of Brahmans
han ville inte vara en av dessa tiotusentals brahmaner
He wanted to follow Siddhartha; the beloved, the splendid
Han ville följa Siddhartha; den älskade, den praktfulla
in days to come, when Siddhartha would become a god, he would be there
i kommande dagar, när Siddhartha skulle bli en gud, skulle han vara där
when he would join the glorious, he would be there

när han skulle ansluta sig till den härliga, skulle han vara där
Govinda wanted to follow him as his friend
Govinda ville följa honom som hans vän
he was his companion and his servant
han var hans följeslagare och hans tjänare
he was his spear-carrier and his shadow
han var hans spjutbärare och hans skugga
Siddhartha was loved by everyone
Siddhartha var älskad av alla
He was a source of joy for everybody
Han var en källa till glädje för alla
he was a delight for them all
han var en fröjd för dem alla
But he, Siddhartha, was not a source of joy for himself
Men han, Siddhartha, var inte en källa till glädje för sig själv
he found no delight in himself
han fann ingen glädje i sig själv
he walked the rosy paths of the fig tree garden
han gick på de rosa stigarna i fikonträdgården
he sat in the bluish shade in the garden of contemplation
han satt i den blåaktiga skuggan i kontemplationens trädgård
he washed his limbs daily in the bath of repentance
han tvättade sina lemmar dagligen i omvändelsens bad
he made sacrifices in the dim shade of the mango forest
han offrade i mangoskogens dunkla skugga
his gestures were of perfect decency
hans gester var av fullkomlig anständighet
he was everyone's love and joy
han var allas kärlek och glädje
but he still lacked all joy in his heart
men han saknade ändå all glädje i sitt hjärta
Dreams and restless thoughts came into his mind
Drömmar och rastlösa tankar kom in i hans sinne
his dreams flowed from the water of the river
hans drömmar rann ur flodens vatten
his dreams sparked from the stars of the night

hans drömmar gnistrade från nattens stjärnor
his dreams melted from the beams of the sun
hans drömmar smälte från solens strålar
dreams came to him, and a restlessness of the soul came to him
drömmar kom till honom, och en rastlöshet i själen kom till honom
his soul was fuming from the sacrifices
hans själ rykte av offren
he breathed forth from the verses of the Rig-Veda
han andades fram från verserna i Rig-Veda
the verses were infused into him, drop by drop
verserna ingjuts i honom, droppe för droppe
the verses from the teachings of the old Brahmans
verserna från de gamla brahmanernas lära
Siddhartha had started to nurse discontent in himself
Siddhartha hade börjat sörja för missnöje i sig själv
he had started to feel doubt about the love of his father
han hade börjat tvivla på sin fars kärlek
he doubted the love of his mother
han tvivlade på sin mors kärlek
and he doubted the love of his friend, Govinda
och han tvivlade på kärleken till sin vän, Govinda
he doubted if their love could bring him joy forever and ever
han tvivlade på om deras kärlek kunde ge honom glädje för evigt och alltid
their love could not nurse him
deras kärlek kunde inte sköta honom
their love could not feed him
deras kärlek kunde inte föda honom
their love could not satisfy him
deras kärlek kunde inte tillfredsställa honom
he had started to suspect his father's teachings
han hade börjat misstänka sin fars läror
perhaps he had shown him everything he knew

kanske hade han visat honom allt han visste
there were his other teachers, the wise Brahmans
där fanns hans andra lärare, de kloka brahmanerna
perhaps they had already revealed to him the best of their wisdom
kanske hade de redan uppenbarat det bästa av sin visdom för honom
he feared that they had already filled his expecting vessel
han fruktade att de redan hade fyllt hans väntande kärl
despite the richness of their teachings, the vessel was not full
trots rikedomen i deras läror var kärlet inte fullt
the spirit was not content
anden var inte nöjd
the soul was not calm
själen var inte lugn
the heart was not satisfied
hjärtat var inte tillfredsställt
the ablutions were good, but they were water
tvättningarna var bra, men de var vatten
the ablutions did not wash off the sin
tvagningarna tvättade inte bort synden
they did not heal the spirit's thirst
de botade inte andens törst
they did not relieve the fear in his heart
de lindrade inte rädslan i hans hjärta
The sacrifices and the invocation of the gods were excellent
Offren och åkallan av gudarna var utmärkta
but was that all there was?
men var det allt som fanns?
did the sacrifices give a happy fortune?
gav offren en lycklig förmögenhet?
and what about the gods?
och hur är det med gudarna?
Was it really Prajapati who had created the world?
Var det verkligen Prajapati som hade skapat världen?

Was it not the Atman who had created the world?
Var det inte Atman som hade skapat världen?
Atman, the only one, the singular one
Atman, den enda, den singulära
Were the gods not creations?
Var inte gudarna skapelser?
were they not created like me and you?
var de inte skapade som jag och du?
were the Gods not subject to time?
var inte gudarna underkastade tiden?
were the Gods mortal? Was it good?
var gudarna dödliga? Var det bra?
was it right? was it meaningful?
var det rätt? var det meningsfullt?
was it the highest occupation to make offerings to the gods?
var det den högsta sysselsättningen att offra till gudarna?
For whom else were offerings to be made?
För vilka andra skulle erbjudanden göras?
who else was to be worshipped?
vem mer skulle dyrkas?
who else was there, but Him?
vem mer var där, förutom han?
The only one, the Atman
Den enda, Atman
And where was Atman to be found?
Och var fanns Atman?
where did He reside?
var bodde han?
where did His eternal heart beat?
var slog hans eviga hjärta?
where else but in one's own self?
var annars än i ens eget jag?
in its innermost indestructible part
i dess innersta oförstörbara del
could he be that which everyone had in himself?
kunde han vara det som alla hade i sig?

But where was this self?
Men var var detta jag?
where was this innermost part?
var var denna innersta del?
where was this ultimate part?
var var denna ultimata del?
It was not flesh and bone
Det var inte kött och ben
it was neither thought nor consciousness
det var varken tanke eller medvetande
this is what the wisest ones taught
detta är vad de klokaste lärde ut
So where was it?
Så var var det?
the self, myself, the Atman
jaget, mig själv, Atman
To reach this place, there was another way
För att nå denna plats fanns det ett annat sätt
was this other way worth looking for?
var detta andra sätt värt att leta efter?
Alas, nobody showed him this way
Tyvärr, ingen visade honom på det här sättet
nobody knew this other way
ingen visste detta på annat sätt
his father did not know it
hans far visste inte det
and the teachers and wise men did not know it
och lärarna och de vise männen visste det inte
They knew everything, the Brahmans
De visste allt, brahmanerna
and their holy books knew everything
och deras heliga böcker visste allt
they had taken care of everything
de hade tagit hand om allt
they took care of the creation of the world
de tog hand om världens skapelse

they described origin of speech, food, inhaling, exhaling
de beskrev ursprunget till tal, mat, inandning, utandning
they described the arrangement of the senses
de beskrev sinnenas arrangemang
they described the acts of the gods
de beskrev gudarnas handlingar
their books knew infinitely much
deras böcker visste oändligt mycket
but was it valuable to know all of this?
men var det värdefullt att veta allt detta?
was there not only one thing to be known?
var det inte bara en sak att veta?
was there still not the most important thing to know?
var det fortfarande inte det viktigaste att veta?
many verses of the holy books spoke of this innermost, ultimate thing
många verser i de heliga böckerna talade om denna innersta, yttersta sak
it was spoken of particularly in the Upanishades of Samaveda
det talades om särskilt i Upanishades av Samaveda
they were wonderful verses
de var underbara verser
"Your soul is the whole world", this was written there
"Din själ är hela världen", skrevs det där
and it was written that man in deep sleep would meet with his innermost part
och det stod skrivet att människan i djup sömn skulle möta sin innersta del
and he would reside in the Atman
och han skulle bo i Atman
Marvellous wisdom was in these verses
Underbar visdom fanns i dessa verser
all knowledge of the wisest ones had been collected here in magic words
all kunskap om de klokaste hade här samlats i magiska ord

it was as pure as honey collected by bees
den var ren som honung samlad av bin
No, the verses were not to be looked down upon
Nej, verserna var inte att se ner på
they contained tremendous amounts of enlightenment
de innehöll enorma mängder upplysning
they contained wisdom which lay collected and preserved
de innehöll visdom som låg samlad och bevarad
wisdom collected by innumerable generations of wise Brahmans
visdom samlad av otaliga generationer av kloka brahmaner
But where were the Brahmans?
Men var var brahmanerna?
where were the priests?
var var prästerna?
where the wise men or penitents?
var de vise männen eller ångerfulla?
where were those that had succeeded?
var var de som hade lyckats?
where were those who knew more than deepest of all knowledge?
var fanns de som visste mer än djupast av all kunskap?
where were those that also lived out the enlightened wisdom?
var fanns de som också levde ut den upplysta visdomen?
Where was the knowledgeable one who brought Atman out of his sleep?
Var var den kunnige som fick Atman ur sömnen?
who had brought this knowledge into the day?
vem hade fört in denna kunskap i dag?
who had taken this knowledge into their life?
vem hade tagit denna kunskap in i sitt liv?
who carried this knowledge with every step they took?
vem bar denna kunskap med varje steg de tog?
who had married their words with their deeds?
vem hade gift med deras ord med deras gärningar?

Siddhartha knew many venerable Brahmans
Siddhartha kände många ärevördiga brahmaner
his father, the pure one
hans far, den rene
the scholar, the most venerable one
den lärde, den mest ärevördiga
His father was worthy of admiration
Hans far var värd beundran
quiet and noble were his manners
tyst och ädelt var hans sätt
pure was his life, wise were his words
rent var hans liv, kloka var hans ord
delicate and noble thoughts lived behind his brow
ömtåliga och ädla tankar levde bakom hans panna
but even though he knew so much, did he live in blissfulness?
men trots att han visste så mycket, levde han i lycksalighet?
despite all his knowledge, did he have peace?
trots all sin kunskap, hade han frid?
was he not also just a searching man?
var han inte också bara en sökande man?
was he still not a thirsty man?
var han fortfarande inte en törstig man?
Did he not have to drink from holy sources again and again?
Behövde han inte dricka från heliga källor om och om igen?
did he not drink from the offerings?
drack han inte av offren?
did he not drink from the books?
drack han inte ur böckerna?
did he not drink from the disputes of the Brahmans?
drack han inte av brahmanernas dispyter?
Why did he have to wash off sins every day?
Varför var han tvungen att tvätta bort synder varje dag?
must he strive for a cleansing every day?
måste han sträva efter en utrensning varje dag?
over and over again, every day

om och om igen, varje dag
Was Atman not in him?
Var Atman inte i honom?
did not the pristine source spring from his heart?
kom inte den orörda källan ur hans hjärta?
the pristine source had to be found in one's own self
den orörda källan måste finnas i ens eget jag
the pristine source had to be possessed!
den orörda källan måste vara besatt!
doing anything else else was searching
att göra något annat sökte
taking any other pass is a detour
att ta vilket pass som helst är en omväg
going any other way leads to getting lost
gå någon annan väg leder till att gå vilse
These were Siddhartha's thoughts
Detta var Siddharthas tankar
this was his thirst, and this was his suffering
detta var hans törst, och detta var hans lidande
Often he spoke to himself from a Chandogya-Upanishad:
Ofta talade han till sig själv från en Chandogya-Upanishad:
"Truly, the name of the Brahman is Satyam"
"Sannerligen, namnet på Brahman är Satyam"
"he who knows such a thing, will enter the heavenly world every day"
"den som vet något sådant kommer varje dag in i den himmelska världen"
Often the heavenly world seemed near
Ofta verkade den himmelska världen nära
but he had never reached the heavenly world completely
men han hade aldrig nått den himmelska världen helt
he had never quenched the ultimate thirst
han hade aldrig släckt den ultimata törsten
And among all the wise and wisest men, none had reached it
Och bland alla de vise och klokaste männen hade ingen nått det

he received instructions from them
han fick instruktioner från dem
but they hadn't completely reached the heavenly world
men de hade inte helt nått den himmelska världen
they hadn't completely quenched their thirst
de hade inte släckt törsten helt
because this thirst is an eternal thirst
för denna törst är en evig törst

"**Govinda" Siddhartha spoke to his friend**
"Govinda" Siddhartha pratade med sin vän
"**Govinda, my dear, come with me under the Banyan tree"**
"Govinda, min kära, följ med mig under Banyanträdet"
"**let's practise meditation"**
"låt oss träna meditation"
They went to the Banyan tree
De gick till Banyanträdet
under the Banyan tree they sat down
under Banyanträdet satte de sig
Siddhartha was right here
Siddhartha var precis här
Govinda was twenty paces away
Govinda var tjugo steg bort
Siddhartha seated himself and he repeated murmuring the verse
Siddhartha satte sig och han upprepade mumlande versen
Om is the bow, the arrow is the soul
Om är bågen, pilen är själen
The Brahman is the arrow's target
Brahmanen är pilens mål
the target that one should incessantly hit
målet som man oupphörligt ska träffa
the usual time of the exercise in meditation had passed
den vanliga tiden för övningen i meditation hade passerat
Govinda got up, the evening had come
Govinda gick upp, kvällen var kommen

it was time to perform the evening's ablution
det var dags att utföra kvällens tvagning
He called Siddhartha's name, but Siddhartha did not answer
Han kallade Siddharthas namn, men Siddhartha svarade inte
Siddhartha sat there, lost in thought
Siddhartha satt där, vilsen i tankar
his eyes were rigidly focused towards a very distant target
hans ögon var stelt fokuserade mot ett mycket avlägset mål
the tip of his tongue was protruding a little between the teeth
hans tungspets stack ut lite mellan tänderna
he seemed not to breathe
han verkade inte andas
Thus sat he, wrapped up in contemplation
Så satt han, insvept i kontemplation
he was deep in thought of the Om
han var djupt i tanken på Om
his soul sent after the Brahman like an arrow
hans själ sändes efter Brahmanen som en pil
Once, Samanas had travelled through Siddhartha's town
En gång hade Samanas rest genom Siddharthas stad
they were ascetics on a pilgrimage
de var asketer på pilgrimsfärd
three skinny, withered men, neither old nor young
tre magra, vissna män, varken gamla eller unga
dusty and bloody were their shoulders
dammiga och blodiga var deras axlar
almost naked, scorched by the sun, surrounded by loneliness
nästan naken, bränd av solen, omgiven av ensamhet
strangers and enemies to the world
främlingar och fiender till världen
strangers and jackals in the realm of humans
främlingar och schakaler i människors rike
Behind them blew a hot scent of quiet passion
Bakom dem blåste en het doft av stilla passion

a scent of destructive service
en doft av destruktiv service
a scent of merciless self-denial
en doft av skoningslös självförnekelse
the evening had come
kvällen var kommen
after the hour of contemplation, Siddhartha spoke to Govinda
efter stunden av kontemplation talade Siddhartha till Govinda
"Early tomorrow morning, my friend, Siddhartha will go to the Samanas"
"Tidigt i morgon bitti, min vän, Siddhartha åker till Samanas"
"He will become a Samana"
"Han kommer att bli en Samana"
Govinda turned pale when he heard these words
Govinda blev blek när han hörde dessa ord
and he read the decision in the motionless face of his friend
och han läste beslutet i sin väns orörliga ansikte
the determination was unstoppable, like the arrow shot from the bow
beslutsamheten var ostoppbar, som pilen sköt från bågen
Govinda realized at first glance; now it is beginning
Govinda insåg vid första anblicken; nu börjar det
now Siddhartha is taking his own way
nu tar Siddhartha sin egen väg
now his fate is beginning to sprout
nu börjar hans öde spira
and because of Siddhartha, Govinda's fate is sprouting too
och på grund av Siddhartha spirar Govindas öde också
he turned pale like a dry banana-skin
han blev blek som ett torrt bananskinn
"Oh Siddhartha," he exclaimed
"Åh Siddhartha," utbrast han
"will your father permit you to do that?"
"kommer din far tillåta dig att göra det?"
Siddhartha looked over as if he was just waking up

Siddhartha såg över som om han precis vaknade
like an Arrow he read Govinda's soul
som en pil läste han Govindas själ
he could read the fear and the submission in him
han kunde läsa rädslan och underkastelsen i honom
"Oh Govinda," he spoke quietly, "let's not waste words"
"Åh Govinda," sa han tyst, "låt oss inte slösa med ord"
"Tomorrow at daybreak I will begin the life of the Samanas"
"I morgon vid gryningen börjar jag livet för Samanas"
"let us speak no more of it"
"låt oss inte prata mer om det"

Siddhartha entered the chamber where his father was sitting
Siddhartha gick in i kammaren där hans far satt
his father was was on a mat of bast
hans far låg på en bastmatta
Siddhartha stepped behind his father
Siddhartha klev bakom sin far
and he remained standing behind him
och han blev stående bakom honom
he stood until his father felt that someone was standing behind him
han stod tills hans far kände att någon stod bakom honom
Spoke the Brahman: "Is that you, Siddhartha?"
Talade brahmanen: "Är det du, Siddhartha?"
"Then say what you came to say"
"Säg sedan vad du kom för att säga"
Spoke Siddhartha: "With your permission, my father"
Sade Siddhartha: "Med din tillåtelse, min far"
"I came to tell you that it is my longing to leave your house tomorrow"
"Jag kom för att berätta att det är min längtan att lämna ditt hus imorgon"
"I wish to go to the ascetics"
"Jag vill gå till asketerna"
"My desire is to become a Samana"

"Min önskan är att bli en Samana"
"May my father not oppose this"
"Må min far inte motsätta sig detta"
The Brahman fell silent, and he remained so for long
Brahmanen tystnade, och han förblev så länge
the stars in the small window wandered
stjärnorna i det lilla fönstret vandrade
and they changed their relative positions
och de ändrade sina relativa positioner
Silent and motionless stood the son with his arms folded
Tyst och orörlig stod sonen med armarna i kors
silent and motionless sat the father on the mat
tyst och orörlig satt fadern på mattan
and the stars traced their paths in the sky
och stjärnorna spårade sina vägar på himlen
Then spoke the father
Då talade fadern
"it is not proper for a Brahman to speak harsh and angry words"
"det är inte lämpligt för en brahman att tala hårda och arga ord"
"But indignation is in my heart"
"Men indignationen finns i mitt hjärta"
"I wish not to hear this request for a second time"
"Jag vill inte höra denna begäran för andra gången"
Slowly, the Brahman rose
Sakta steg brahmanen
Siddhartha stood silently, his arms folded
Siddhartha stod tyst med armarna i kors
"What are you waiting for?" asked the father
"Vad väntar du på?" frågade fadern
Spoke Siddhartha, "You know what I'm waiting for"
Sade Siddhartha, "Du vet vad jag väntar på"
Indignant, the father left the chamber
Indignerad lämnade fadern kammaren
indignant, he went to his bed and lay down

indignerad gick han till sin säng och lade sig
an hour passed, but no sleep had come over his eyes
en timme gick, men ingen sömn hade kommit över hans ögon
the Brahman stood up and he paced to and fro
Brahmanen reste sig och han gick fram och tillbaka
and he left the house in the night
och han lämnade huset på natten
Through the small window of the chamber he looked back inside
Genom det lilla fönstret i kammaren tittade han tillbaka in
and there he saw Siddhartha standing
och där såg han Siddhartha stå
his arms were folded and he had not moved from his spot
hans armar var korsade och han hade inte rört sig från sin plats
Pale shimmered his bright robe
Blek skimrade i sin ljusa dräkt
With anxiety in his heart, the father returned to his bed
Med oro i hjärtat gick pappan tillbaka till sin säng
another sleepless hour passed
ännu en sömnlös timme gick
since no sleep had come over his eyes, the Brahman stood up again
eftersom ingen sömn hade kommit över hans ögon reste sig Brahmanen upp igen
he paced to and fro, and he walked out of the house
han gick fram och tillbaka, och han gick ut ur huset
and he saw that the moon had risen
och han såg att månen hade gått upp
Through the window of the chamber he looked back inside
Genom fönstret i kammaren tittade han tillbaka in
there stood Siddhartha, unmoved from his spot
där stod Siddhartha, oberörd från sin plats
his arms were folded, as they had been
hans armar var vikta, som de hade varit
moonlight was reflecting from his bare shins

Månskenet reflekterades från hans bara smalben
With worry in his heart, the father went back to bed
Med oro i hjärtat gick pappan tillbaka till sängen
he came back after an hour
han kom tillbaka efter en timme
and he came back again after two hours
och han kom tillbaka igen efter två timmar
he looked through the small window
han tittade genom det lilla fönstret
he saw Siddhartha standing in the moon light
han såg Siddhartha stå i månskenet
he stood by the light of the stars in the darkness
han stod vid stjärnornas ljus i mörkret
And he came back hour after hour
Och han kom tillbaka timme efter timme
silently, he looked into the chamber
tyst tittade han in i kammaren
he saw him standing in the same place
han såg honom stå på samma plats
it filled his heart with anger
det fyllde hans hjärta med ilska
it filled his heart with unrest
det fyllde hans hjärta med oro
it filled his heart with anguish
det fyllde hans hjärta med ångest
it filled his heart with sadness
det fyllde hans hjärta med sorg
the night's last hour had come
nattens sista timme var kommen
his father returned and stepped into the room
hans far återvände och klev in i rummet
he saw the young man standing there
han såg den unge mannen stå där
he seemed tall and like a stranger to him
han verkade lång och som en främling för honom
"Siddhartha," he spoke, "what are you waiting for?"

"Siddhartha," sa han, "vad väntar du på?"
"You know what I'm waiting for"
"Du vet vad jag väntar på"
"Will you always stand that way and wait?
"Kommer du alltid att stå så och vänta?
"I will always stand and wait"
"Jag kommer alltid att stå och vänta"
"will you wait until it becomes morning, noon, and evening?"
"Väntar du tills det blir morgon, middag och kväll?"
"I will wait until it become morning, noon, and evening"
"Jag väntar tills det blir morgon, middag och kväll"
"You will become tired, Siddhartha"
"Du kommer att bli trött, Siddhartha"
"I will become tired"
"Jag kommer att bli trött"
"You will fall asleep, Siddhartha"
"Du kommer att somna, Siddhartha"
"I will not fall asleep"
"Jag kommer inte att somna"
"You will die, Siddhartha"
"Du kommer att dö, Siddhartha"
"I will die," answered Siddhartha
"Jag kommer att dö," svarade Siddhartha
"And would you rather die, than obey your father?"
"Och skulle du hellre dö än att lyda din far?"
"Siddhartha has always obeyed his father"
"Siddhartha har alltid lydt sin far"
"So will you abandon your plan?"
"Så kommer du att överge din plan?"
"Siddhartha will do what his father will tell him to do"
"Siddhartha kommer att göra vad hans far säger åt honom att göra"
The first light of day shone into the room
Dagens första ljus sken in i rummet

The Brahman saw that Siddhartha knees were softly trembling
Brahmanen såg att Siddharthas knän sakta darrade
In Siddhartha's face he saw no trembling
I Siddharthas ansikte såg han ingen darrande
his eyes were fixed on a distant spot
hans ögon var fästa på en avlägsen plats
This was when his father realized
Det var då hans far insåg
even now Siddhartha no longer dwelt with him in his home
även nu bodde Siddhartha inte längre med honom i hans hem
he saw that he had already left him
han såg att han redan hade lämnat honom
The Father touched Siddhartha's shoulder
Fadern rörde vid Siddharthas axel
"You will," he spoke, "go into the forest and be a Samana"
"Du ska," sa han, "gå in i skogen och vara en Samana"
"When you find blissfulness in the forest, come back"
"När du finner lycka i skogen, kom tillbaka"
"come back and teach me to be blissful"
"kom tillbaka och lär mig att vara lycklig"
"If you find disappointment, then return"
"Om du hittar besvikelse, återvänd sedan"
"return and let us make offerings to the gods together, again"
"återvänd och låt oss offra till gudarna tillsammans igen"
"Go now and kiss your mother"
"Gå nu och kyssa din mamma"
"tell her where you are going"
"berätta för henne vart du ska"
"But for me it is time to go to the river"
"Men för mig är det dags att gå till floden"
"it is my time to perform the first ablution"
"det är min tid att utföra den första tvätten"
He took his hand from the shoulder of his son, and went outside
Han tog sin hand från sin sons axel och gick ut

Siddhartha wavered to the side as he tried to walk
Siddhartha vacklade åt sidan när han försökte gå
He put his limbs back under control and bowed to his father
Han satte tillbaka sina lemmar under kontroll och bugade sig för sin far
he went to his mother to do as his father had said
han gick till sin mor för att göra som hans far hade sagt
As he slowly left on stiff legs a shadow rose near the last hut
När han sakta gick därifrån på stela ben reste sig en skugga nära den sista hyddan
who had crouched there, and joined the pilgrim?
vem hade hukat där och anslutit sig till pilgrimen?
"Govinda, you have come" said Siddhartha and smiled
"Govinda, du har kommit" sa Siddhartha och log
"I have come," said Govinda
"Jag har kommit", sa Govinda

With the Samanas
Med Samanas

In the evening of this day they caught up with the ascetics
På kvällen denna dag kom de ikapp asketerna
the ascetics; the skinny Samanas
asketerna; de magra Samanas
they offered them their companionship and obedience
de erbjöd dem deras sällskap och lydnad
Their companionship and obedience were accepted
Deras sällskap och lydnad accepterades
Siddhartha gave his garments to a poor Brahman in the street
Siddhartha gav sina kläder till en fattig brahman på gatan
He wore nothing more than a loincloth and earth-coloured, unsown cloak
Han bar inget annat än ländtyg och jordfärgad, osådd mantel
He ate only once a day, and never anything cooked
Han åt bara en gång om dagen och aldrig något lagat
He fasted for fifteen days, he fasted for twenty-eight days
Han fastade i femton dagar, han fastade i tjugoåtta dagar
The flesh waned from his thighs and cheeks
Köttet försvann från hans lår och kinder
Feverish dreams flickered from his enlarged eyes
Febriga drömmar flimrade från hans förstorade ögon
long nails grew slowly on his parched fingers
långa naglar växte långsamt på hans uttorkade fingrar
and a dry, shaggy beard grew on his chin
och ett torrt, lurvigt skägg växte på hans haka
His glance turned to ice when he encountered women
Hans blick förvandlades till is när han mötte kvinnor
he walked through a city of nicely dressed people
han gick genom en stad av fint klädda människor
his mouth twitched with contempt for them
hans mun ryckte av förakt för dem
He saw merchants trading and princes hunting

Han såg köpmän handla och prinsar jaga
he saw mourners wailing for their dead
han såg sörjande klaga över sina döda
and he saw whores offering themselves
och han såg horor offra sig själva
physicians trying to help the sick
läkare som försöker hjälpa sjuka
priests determining the most suitable day for seeding
präster som bestämmer den mest lämpliga dagen för sådd
lovers loving and mothers nursing their children
älskare som älskar och mammor som ammar sina barn
and all of this was not worthy of one look from his eyes
och allt detta var inte värt en blick från hans ögon
it all lied, it all stank, it all stank of lies
allt ljög, allt stank, allt stank av lögner
it all pretended to be meaningful and joyful and beautiful
det hela låtsades vara meningsfullt och glädjefullt och vackert
and it all was just concealed putrefaction
och allt var bara dold förruttnelse
the world tasted bitter; life was torture
världen smakade bittert; livet var tortyr

A single goal stood before Siddhartha
Ett enda mål stod framför Siddhartha
his goal was to become empty
hans mål var att bli tom
his goal was to be empty of thirst
hans mål var att vara tom på törst
empty of wishing and empty of dreams
tom på önskningar och tom på drömmar
empty of joy and sorrow
tom på glädje och sorg
his goal was to be dead to himself
hans mål var att vara död för sig själv
his goal was not to be a self any more
hans mål var inte att vara ett jag längre

his goal was to find tranquillity with an emptied heart
hans mål var att finna lugnet med ett tomt hjärta
his goal was to be open to miracles in unselfish thoughts
hans mål var att vara öppen för mirakel i osjälviska tankar
to achieve this was his goal
att uppnå detta var hans mål
when all of his self was overcome and had died
när hela hans jag var övervunnen och hade dött
when every desire and every urge was silent in the heart
när varje önskan och varje drift var tyst i hjärtat
then the ultimate part of him had to awake
då var den yttersta delen av honom tvungen att vakna
the innermost of his being, which is no longer his self
det innersta i hans väsen, som inte längre är hans jag
this was the great secret
detta var den stora hemligheten

Silently, Siddhartha exposed himself to the burning rays of the sun
Tyst exponerade Siddhartha sig för solens brinnande strålar
he was glowing with pain and he was glowing with thirst
han glödde av smärta och han glödde av törst
and he stood there until he neither felt pain nor thirst
och han stod där tills han varken kände smärta eller törst
Silently, he stood there in the rainy season
Tyst stod han där under regnperioden
from his hair the water was dripping over freezing shoulders
från hans hår droppade vattnet över frusna axlar
the water was dripping over his freezing hips and legs
vattnet droppade över hans frusna höfter och ben
and the penitent stood there
och den ångerfulla stod där
he stood there until he could not feel the cold any more
han stod där tills han inte kunde känna kylan längre
he stood there until his body was silent

han stod där tills hans kropp tystnade
he stood there until his body was quiet
han stod där tills hans kropp var tyst
Silently, he cowered in the thorny bushes
Tyst hopade han sig i de taggiga buskarna
blood dripped from the burning skin
blod droppade från den brinnande huden
blood dripped from festering wounds
blod droppade från variga sår
and Siddhartha stayed rigid and motionless
och Siddhartha förblev stel och orörlig
he stood until no blood flowed any more
han stod kvar tills inget blod rann längre
he stood until nothing stung any more
han stod tills ingenting sved längre
he stood until nothing burned any more
han stod kvar tills inget brann längre
Siddhartha sat upright and learned to breathe sparingly
Siddhartha satt upprätt och lärde sig att andas sparsamt
he learned to get along with few breaths
han lärde sig att komma överens med få andetag
he learned to stop breathing
han lärde sig att sluta andas
He learned, beginning with the breath, to calm the beating of his heart
Han lärde sig, att börja med andningen, att lugna sitt hjärtas slag
he learned to reduce the beats of his heart
han lärde sig att minska sitt hjärtas slag
he meditated until his heartbeats were only a few
han mediterade tills hans hjärtslag bara var några få
and then his heartbeats were almost none
och sedan var hans hjärtslag nästan inga
Instructed by the oldest of the Samanas, Siddhartha practised self-denial

Instruerad av den äldsta av Samanerna, utövade Siddhartha självförnekelse
he practised meditation, according to the new Samana rules
han praktiserade meditation, enligt de nya Samana-reglerna
A heron flew over the bamboo forest
En häger flög över bambuskogen
Siddhartha accepted the heron into his soul
Siddhartha accepterade hägern i hans själ
he flew over forest and mountains
han flög över skog och berg
he was a heron, he ate fish
han var en häger, han åt fisk
he felt the pangs of a heron's hunger
han kände känseln från en hägers hunger
he spoke the heron's croak
han talade hägerns kväkande
he died a heron's death
han dog en hägerdöd
A dead jackal was lying on the sandy bank
En död schakal låg på sandstranden
Siddhartha's soul slipped inside the body of the dead jackal
Siddharthas själ gled in i kroppen på den döda schakalen
he was the dead jackal laying on the banks and bloated
han var den döda schakalen som låg på stränderna och uppsvälld
he stank and decayed and was dismembered by hyenas
han stank och förföll och styckades av hyenor
he was skinned by vultures and turned into a skeleton
han flåddes av gamar och förvandlades till ett skelett
he was turned to dust and blown across the fields
han förvandlades till stoft och blåste över fälten
And Siddhartha's soul returned
Och Siddharthas själ återvände
it had died, decayed, and was scattered as dust
det hade dött, förmultnat och var utspritt som stoft
it had tasted the gloomy intoxication of the cycle

den hade smakat cykelns dystra rus
it awaited with a new thirst, like a hunter in the gap
den väntade med en ny törst, som en jägare i gapet
in the gap where he could escape from the cycle
i luckan där han kunde fly från cykeln
in the gap where an eternity without suffering began
i gapet där en evighet utan lidande började
he killed his senses and his memory
han dödade sina sinnen och sitt minne
he slipped out of his self into thousands of other forms
han gled ur sig själv till tusentals andra former
he was an animal, a carrion, a stone
han var ett djur, en kadaver, en sten
he was wood and water
han var ved och vatten
and he awoke every time to find his old self again
och han vaknade varje gång för att hitta sitt gamla jag igen
whether sun or moon, he was his self again
vare sig sol eller måne var han sig själv igen
he turned round in the cycle
han vände sig om i cykeln
he felt thirst, overcame the thirst, felt new thirst
han kände törst, övervann törsten, kände ny törst

Siddhartha learned a lot when he was with the Samanas
Siddhartha lärde sig mycket när han var med Samanas
he learned many ways leading away from the self
han lärde sig många sätt att leda bort från jaget
he learned how to let go
han lärde sig att släppa taget
He went the way of self-denial by means of pain
Han gick vägen till självförnekelse med hjälp av smärta
he learned self-denial through voluntarily suffering and overcoming pain
han lärde sig självförnekelse genom att frivilligt lida och övervinna smärta

he overcame hunger, thirst, and tiredness
han övervann hunger, törst och trötthet
He went the way of self-denial by means of meditation
Han gick vägen till självförnekelse genom meditation
he went the way of self-denial through imagining the mind to be void of all conceptions
han gick vägen till självförnekelse genom att föreställa sig att sinnet var tomt på alla föreställningar
with these and other ways he learned to let go
med dessa och andra sätt lärde han sig att släppa taget
a thousand times he left his self
tusen gånger lämnade han sig själv
for hours and days he remained in the non-self
i timmar och dagar förblev han i icke-jaget
all these ways led away from the self
alla dessa vägar ledde bort från jaget
but their path always led back to the self
men deras väg ledde alltid tillbaka till jaget
Siddhartha fled from the self a thousand times
Siddhartha flydde från jaget tusen gånger
but the return to the self was inevitable
men återgången till jaget var oundviklig
although he stayed in nothingness, coming back was inevitable
även om han stannade i ingenting var det oundvikligt att komma tillbaka
although he stayed in animals and stones, coming back was inevitable
även om han stannade i djur och stenar, var det oundvikligt att komma tillbaka
he found himself in the sunshine or in the moonlight again
han befann sig i solskenet eller i månskenet igen
he found himself in the shade or in the rain again
han befann sig i skuggan eller i regnet igen
and he was once again his self; Siddhartha
och han var återigen sig själv; Siddhartha

and again he felt the agony of the cycle which had been forced upon him
och återigen kände han plågan i den cykel som hade tvingats på honom

by his side lived Govinda, his shadow
vid hans sida bodde Govinda, hans skugga
Govinda walked the same path and undertook the same efforts
Govinda gick samma väg och gjorde samma ansträngningar
they spoke to one another no more than the exercises required
de talade inte mer med varandra än de övningar som krävdes
occasionally the two of them went through the villages
då och då gick de två genom byarna
they went to beg for food for themselves and their teachers
de gick för att tigga mat åt sig själva och sina lärare
"How do you think we have progressed, Govinda" he asked
"Hur tror du att vi har gått framåt, Govinda" frågade han
"Did we reach any goals?" Govinda answered
"Nådde vi några mål?" svarade Govinda
"We have learned, and we'll continue learning"
"Vi har lärt oss och vi kommer att fortsätta lära oss"
"You'll be a great Samana, Siddhartha"
"Du kommer att bli en fantastisk Samana, Siddhartha"
"Quickly, you've learned every exercise"
"Du har snabbt lärt dig varje övning"
"often, the old Samanas have admired you"
"ofta har de gamla Samanas beundrat dig"
"One day, you'll be a holy man, oh Siddhartha"
"En dag kommer du att vara en helig man, åh Siddhartha"
Spoke Siddhartha, "I can't help but feel that it is not like this, my friend"
Siddhartha sa: "Jag kan inte låta bli att känna att det inte är så här, min vän"

"What I've learned being among the Samanas could have been learned more quickly"
"Det jag har lärt mig att vara bland Samanas kunde ha lärt sig snabbare"
"it could have been learned by simpler means"
"det kunde ha lärt sig på enklare sätt"
"it could have been learned in any tavern"
"det kunde ha lärt sig på vilken krog som helst"
"it could have been learned where the whorehouses are"
"det kunde ha lärt sig var horhusen finns"
"I could have learned it among carters and gamblers"
"Jag kunde ha lärt mig det bland carters och spelare"
Spoke Govinda, "Siddhartha is joking with me"
Sade Govinda, "Siddhartha skämtar med mig"
"How could you have learned meditation among wretched people?"
"Hur kunde du ha lärt dig meditation bland eländiga människor?"
"how could whores have taught you about holding your breath?"
"hur kunde horor ha lärt dig att hålla andan?"
"how could gamblers have taught you insensitivity against pain?"
"hur kunde spelare ha lärt dig okänslighet mot smärta?"
Siddhartha spoke quietly, as if he was talking to himself
Siddhartha talade tyst, som om han pratade med sig själv
"What is meditation?"
"Vad är meditation?"
"What is leaving one's body?"
"Vad är det som lämnar ens kropp?"
"What is fasting?"
"Vad är fasta?"
"What is holding one's breath?"
"Vad håller en andan?"
"It is fleeing from the self"
"Det är att fly från jaget"

"it is a short escape of the agony of being a self"
"det är en kort flykt från smärtan att vara ett jag"
"it is a short numbing of the senses against the pain"
"det är en kort bedövning av sinnena mot smärtan"
"it is avoiding the pointlessness of life"
"det är att undvika livets meningslöshet"
"The same numbing is what the driver of an ox-cart finds in the inn"
"Samma bedövning är vad föraren av en oxkärra finner i värdshuset"
"drinking a few bowls of rice-wine or fermented coconut-milk"
"dricker några skålar med risvin eller jäst kokosmjölk"
"Then he won't feel his self anymore"
"Då känner han inte sig själv längre"
"then he won't feel the pains of life anymore"
"då kommer han inte känna livets smärtor längre"
"then he finds a short numbing of the senses"
"då hittar han en kort bedövning av sinnena"
"When he falls asleep over his bowl of rice-wine, he'll find the same what we find"
"När han somnar över sin skål med risvin, kommer han att hitta samma sak som vi hittar"
"he finds what we find when we escape our bodies through long exercises"
"han hittar vad vi hittar när vi flyr våra kroppar genom långa övningar"
"all of us are staying in the non-self"
"alla av oss stannar i icke-jaget"
"This is how it is, oh Govinda"
"Så här är det, åh Govinda"
Spoke Govinda, "You say so, oh friend"
Sade Govinda, "Du säger det, åh vän"
"and yet you know that Siddhartha is no driver of an ox-cart"
"och ändå vet du att Siddhartha inte är någon förare av en oxkärra"

- 33 -

"and you know a Samana is no drunkard"
"och du vet att en Samana inte är någon fyllare"
"it's true that a drinker numbs his senses"
"det är sant att en drinkare bedövar sina sinnen"
"it's true that he briefly escapes and rests"
"det är sant att han en kort stund flyr och vilar"
"but he'll return from the delusion and finds everything to be unchanged"
"men han kommer att återvända från villfarelsen och finner att allt är oförändrat"
"he has not become wiser"
"han har inte blivit klokare"
"he has gathered any enlightenment"
"han har samlat all upplysning"
"he has not risen several steps"
"han har inte stigit flera steg"
And Siddhartha spoke with a smile
Och Siddhartha talade med ett leende
"I do not know, I've never been a drunkard"
"Jag vet inte, jag har aldrig varit en fyllare"
"I know that I find only a short numbing of the senses"
"Jag vet att jag bara finner en kort bedövning av sinnena"
"I find it in my exercises and meditations"
"Jag hittar det i mina övningar och meditationer"
"and I find I am just as far removed from wisdom as a child in the mother's womb"
"och jag finner att jag är lika långt borta från visdom som ett barn i moderns mage"
"this I know, oh Govinda"
"det här vet jag, åh Govinda"

And once again, another time, Siddhartha began to speak
Och ännu en gång, en annan gång, började Siddhartha tala
Siddhartha had left the forest, together with Govinda
Siddhartha hade lämnat skogen tillsammans med Govinda
they left to beg for some food in the village

de gick för att tigga lite mat i byn
he said, "What now, oh Govinda?"
han sa, "Vad nu, åh Govinda?"
"are we on the right path?"
"är vi på rätt väg?"
"are we getting closer to enlightenment?"
"kommer vi närmare upplysningen?"
"are we getting closer to salvation?"
"kommer vi närmare frälsningen?"
"Or do we perhaps live in a circle?"
"Eller lever vi kanske i en cirkel?"
"we, who have thought we were escaping the cycle"
"vi som har trott att vi flyr kretsloppet"
Spoke Govinda, "We have learned a lot"
Talade Govinda, "Vi har lärt oss mycket"
"Siddhartha, there is still much to learn"
"Siddhartha, det finns fortfarande mycket att lära"
"We are not going around in circles"
"Vi går inte runt i cirklar"
"we are moving up; the circle is a spiral"
"vi rör oss uppåt, cirkeln är en spiral"
"we have already ascended many levels"
"vi har redan tagit oss upp på många nivåer"
Siddhartha answered, "How old would you think our oldest Samana is?"
Siddhartha svarade, "Hur gammal skulle du tro att vår äldsta Samana är?"
"how old is our venerable teacher?"
"hur gammal är vår ärevördiga lärare?"
Spoke Govinda, "Our oldest one might be about sixty years of age"
Govinda sa: "Vår äldsta kan vara ungefär sextio år gammal"
Spoke Siddhartha, "He has lived for sixty years"
Siddhartha sa: "Han har levt i sextio år"
"and yet he has not reached the nirvana"
"och ändå har han inte nått nirvana"

"He'll turn seventy and eighty"
"Han fyller sjuttio åttio"
"you and me, we will grow just as old as him"
"du och jag, vi kommer att bli lika gamla som han"
"and we will do our exercises"
"och vi kommer att göra våra övningar"
"and we will fast, and we will meditate"
"och vi kommer att fasta och vi kommer att meditera"
"But we will not reach the nirvana"
"Men vi kommer inte att nå nirvana"
"he won't reach nirvana and we won't"
"han kommer inte att nå nirvana och vi kommer inte"
"there are uncountable Samanas out there"
"det finns oräkneliga Samanas där ute"
"perhaps not a single one will reach the nirvana"
"kanske inte en enda kommer att nå nirvana"
"We find comfort, we find numbness, we learn feats"
"Vi finner tröst, vi finner domningar, vi lär oss bragder"
"we learn these things to deceive others"
"vi lär oss dessa saker för att lura andra"
"But the most important thing, the path of paths, we will not find"
"Men det viktigaste, vägarnas väg, kommer vi inte att hitta"
Spoke Govinda "If you only wouldn't speak such terrible words, Siddhartha!"
Talade Govinda "Om du bara inte skulle säga så fruktansvärda ord, Siddhartha!"
"there are so many learned men"
"det finns så många lärda män"
"how could not one of them not find the path of paths?"
"hur kunde inte en av dem hitta vägarnas väg?"
"how can so many Brahmans not find it?"
"hur kan så många brahmaner inte hitta det?"
"how can so many austere and venerable Samanas not find it?"

"hur kan så många strama och ärevördiga Samanas inte hitta det?"
"how can all those who are searching not find it?"
"hur kan alla de som söker inte hitta det?"
"how can the holy men not find it?"
"hur kan de heliga männen inte hitta det?"
But Siddhartha spoke with as much sadness as mockery
Men Siddhartha talade med lika mycket sorg som hån
he spoke with a quiet, a slightly sad, a slightly mocking voice
han talade med en tyst, lite ledsen, lätt hånande röst
"Soon, Govinda, your friend will leave the path of the Samanas"
"Snart, Govinda, kommer din vän att lämna Samanas väg"
"he has walked along your side for so long"
"han har gått längs din sida så länge"
"I'm suffering of thirst"
"Jag lider av törst"
"on this long path of a Samana, my thirst has remained as strong as ever"
"på denna långa väg av en Samana har min törst varit lika stark som någonsin"
"I always thirsted for knowledge"
"Jag har alltid törst efter kunskap"
"I have always been full of questions"
"Jag har alltid varit full av frågor"
"I have asked the Brahmans, year after year"
"Jag har frågat brahmanerna, år efter år"
"and I have asked the holy Vedas, year after year"
"och jag har frågat de heliga Vedaerna, år efter år"
"and I have asked the devoted Samanas, year after year"
"och jag har frågat de hängivna Samanas, år efter år"
"perhaps I could have learned it from the hornbill bird"
"kanske jag kunde ha lärt mig det av näshornsfågeln"
"perhaps I should have asked the chimpanzee"
"jag borde kanske ha frågat schimpansen"

"It took me a long time"
"Det tog mig lång tid"
"and I am not finished learning this yet"
"och jag har inte lärt mig det här ännu"
"oh Govinda, I have learned that there is nothing to be learned!"
"åh Govinda, jag har lärt mig att det inte finns något att lära!"
"There is indeed no such thing as learning"
"Det finns verkligen inget som heter att lära sig"
"There is just one knowledge"
"Det finns bara en kunskap"
"this knowledge is everywhere, this is Atman"
"denna kunskap finns överallt, det här är Atman"
"this knowledge is within me and within you"
"denna kunskap finns inom mig och inom dig"
"and this knowledge is within every creature"
"och denna kunskap finns inom varje varelse"
"this knowledge has no worse enemy than the desire to know it"
"denna kunskap har ingen värre fiende än önskan att veta den"
"that is what I believe"
"det är vad jag tror"
At this, Govinda stopped on the path
Vid detta stannade Govinda på stigen
he rose his hands, and spoke
han reste sina händer och talade
"If only you would not bother your friend with this kind of talk"
"Om du bara inte skulle störa din vän med den här typen av prat"
"Truly, your words stir up fear in my heart"
"Senligen, dina ord väcker rädsla i mitt hjärta"
"consider, what would become of the sanctity of prayer?"
"tänk på, vad skulle det bli av bönens helighet?"

"what would become of the venerability of the Brahmans' caste?"
"vad skulle det bli av brahmanernas vördnadsvärde?"
"what would happen to the holiness of the Samanas?
"vad skulle hända med samanas helighet?
"What would then become of all of that is holy"
"Vad skulle det då bli av allt det som är heligt"
"what would still be precious?"
"vad skulle fortfarande vara värdefullt?"
And Govinda mumbled a verse from an Upanishad to himself
Och Govinda mumlade en vers från en Upanishad för sig själv
"He who ponderingly, of a purified spirit, loses himself in the meditation of Atman"
"Den som begrundande, av en renad ande, förlorar sig själv i Atmans meditation"
"inexpressible by words is the blissfulness of his heart"
"outtrycklig med ord är hans hjärtas lycksalighet"
But Siddhartha remained silent
Men Siddhartha förblev tyst
He thought about the words which Govinda had said to him
Han tänkte på orden som Govinda hade sagt till honom
and he thought the words through to their end
och han tänkte igenom orden till deras slut
he thought about what would remain of all that which seemed holy
han tänkte på vad som skulle bli kvar av allt det som tycktes heligt
What remains? What can stand the test?
Vad finns kvar? Vad tål testet?
And he shook his head
Och han skakade på huvudet

the two young men had lived among the Samanas for about three years
de två unga männen hade bott bland Samanas i ungefär tre år

some news, a rumour, a myth reached them
några nyheter, ett rykte, en myt nådde dem
the rumour had been retold many times
ryktet hade återberättats många gånger
A man had appeared, Gotama by name
En man hade dykt upp, Gotama vid namn
the exalted one, the Buddha
den upphöjde, Buddha
he had overcome the suffering of the world in himself
han hade övervunnit världens lidande i sig själv
and he had halted the cycle of rebirths
och han hade stoppat återfödelsernas cykel
He was said to wander through the land, teaching
Han sades vandra genom landet och undervisa
he was said to be surrounded by disciples
han sades vara omgiven av lärjungar
he was said to be without possession, home, or wife
han sades vara utan besittning, hem eller hustru
he was said to be in just the yellow cloak of an ascetic
han sades vara i bara en askets gula mantel
but he was with a cheerful brow
men han var med en glad panna
and he was said to be a man of bliss
och han sades vara en lycksalig man
Brahmans and princes bowed down before him
Brahmaner och prinsar bugade sig framför honom
and they became his students
och de blev hans elever
This myth, this rumour, this legend resounded
Denna myt, detta rykte, denna legend ljöd
its fragrance rose up, here and there, in the towns
dess doft steg upp, här och där, i städerna
the Brahmans spoke of this legend
Brahmanerna talade om denna legend
and in the forest, the Samanas spoke of it
och i skogen talade samanerna om det

again and again, the name of Gotama the Buddha reached the ears of the young men
gång på gång nådde Buddhas namn Gotama de unga männens öron
there was good and bad talk of Gotama
det talades bra och dåligt om Gotama
some praised Gotama, others defamed him
några hyllade Gotama, andra förtalade honom
It was as if the plague had broken out in a country
Det var som om pesten hade brutit ut i ett land
news had been spreading around that in one or another place there was a man
det hade spridits nyheter kring att det på ett eller annat ställe fanns en man
a wise man, a knowledgeable one
en vis man, en kunnig sådan
a man whose word and breath was enough to heal everyone
en man vars ord och andetag räckte för att hela alla
his presence could heal anyone who had been infected with the pestilence
hans närvaro kunde bota alla som hade blivit smittade av pest
such news went through the land, and everyone would talk about it
sådana nyheter gick genom landet, och alla skulle tala om det
many believed the rumours, many doubted them
många trodde på ryktena, många tvivlade på dem
but many got on their way as soon as possible
men många kom iväg så snart som möjligt
they went to seek the wise man, the helper
de gick för att söka den vise mannen, hjälparen
the wise man of the family of Sakya
den vise mannen i familjen Sakya
He possessed, so the believers said, the highest enlightenment
Han ägde, sa de troende, den högsta upplysningen

he remembered his previous lives; he had reached the nirvana
han mindes sina tidigare liv; han hade nått nirvana
and he never returned into the cycle
och han återvände aldrig in i cykeln
he was never again submerged in the murky river of physical forms
han var aldrig mer nedsänkt i den skumma floden av fysiska former
Many wonderful and unbelievable things were reported of him
Många underbara och otroliga saker rapporterades om honom
he had performed miracles
han hade utfört mirakel
he had overcome the devil
han hade övervunnit djävulen
he had spoken to the gods
han hade talat till gudarna
But his enemies and disbelievers said Gotama was a vain seducer
Men hans fiender och icke troende sa att Gotama var en fåfäng förförare
they said he spent his days in luxury
de sa att han tillbringade sina dagar i lyx
they said he scorned the offerings
de sade att han föraktade offren
they said he was without learning
de sa att han var utan lärdom
they said he knew neither meditative exercises nor self-castigation
de sa att han varken kunde meditativa övningar eller självkastning
The myth of Buddha sounded sweet
Myten om Buddha lät söt
The scent of magic flowed from these reports
Doften av magi flödade från dessa rapporter

After all, the world was sick, and life was hard to bear
Trots allt var världen sjuk, och livet var svårt att bära
and behold, here a source of relief seemed to spring forth
och se, här tycktes en källa till lättnad komma fram
here a messenger seemed to call out
här tycktes en budbärare ropa
comforting, mild, full of noble promises
tröstande, mild, full av ädla löften
Everywhere where the rumour of Buddha was heard, the young men listened up
Överallt där ryktet om Buddha hördes lyssnade de unga männen upp
everywhere in the lands of India they felt a longing
överallt i Indiens länder kände de en längtan
everywhere where the people searched, they felt hope
överallt där människorna sökte kände de hopp
every pilgrim and stranger was welcome when he brought news of him
varje pilgrim och främling var välkommen när han kom med nyheter om honom
the exalted one, the Sakyamuni
den upphöjde, Sakyamuni
The myth had also reached the Samanas in the forest
Myten hade också nått Samanas i skogen
and Siddhartha and Govinda heard the myth too
och Siddhartha och Govinda hörde myten också
slowly, drop by drop, they heard the myth
sakta, droppe för droppe, hörde de myten
every drop was laden with hope
varje droppe var laddad med hopp
every drop was laden with doubt
varje droppe var laddad med tvivel
They rarely talked about it
De pratade sällan om det
because the oldest one of the Samanas did not like this myth
eftersom den äldsta av Samanerna inte gillade denna myt

he had heard that this alleged Buddha used to be an ascetic
han hade hört att denna påstådda Buddha brukade vara en asket
he heard he had lived in the forest
han hörde att han hade bott i skogen
but he had turned back to luxury and worldly pleasures
men han hade återvänt till lyx och världsliga nöjen
and he had no high opinion of this Gotama
och han hade ingen hög uppfattning om denna Gotama

"Oh Siddhartha," Govinda spoke one day to his friend
"Åh Siddhartha," talade Govinda en dag till sin vän
"Today, I was in the village"
"Idag var jag i byn"
"and a Brahman invited me into his house"
"och en brahman bjöd in mig i sitt hus"
"and in his house, there was the son of a Brahman from Magadha"
"och i hans hus fanns en son till en brahman från Magadha"
"he has seen the Buddha with his own eyes"
"han har sett Buddha med sina egna ögon"
"and he has heard him teach"
"och han har hört honom lära"
"Verily, this made my chest ache when I breathed"
"Det här gjorde verkligen att jag fick ont i bröstet när jag andades"
"and I thought this to myself:"
"och jag tänkte så här för mig själv:"
"if only we heard the teachings from the mouth of this perfected man!"
"om vi bara hörde lärorna från denna fullkomliga mans mun!"
"Speak, friend, wouldn't we want to go there too"
"Tala, vän, skulle vi inte vilja åka dit också"
"wouldn't it be good to listen to the teachings from the Buddha's mouth?"

"skulle det inte vara bra att lyssna på lärorna från Buddhas mun?"
Spoke Siddhartha, "I had thought you would stay with the Samanas"
Siddhartha sa: "Jag hade trott att du skulle stanna hos Samanas"
"I always had believed your goal was to live to be seventy"
"Jag har alltid trott att ditt mål var att bli sjuttio"
"I thought you would keep practising those feats and exercises"
"Jag trodde att du skulle fortsätta att öva på de där bedrifterna och övningarna"
"and I thought you would become a Samana"
"och jag trodde att du skulle bli en Samana"
"But behold, I had not known Govinda well enough"
"Men se, jag hade inte känt Govinda tillräckligt väl"
"I knew little of his heart"
"Jag visste lite om hans hjärta"
"So now you want to take a new path"
"Så nu vill du ta en ny väg"
"and you want to go there where the Buddha spreads his teachings"
"och du vill åka dit där Buddha sprider sina läror"
Spoke Govinda, "You're mocking me"
Govinda sa: "Du hånar mig"
"Mock me if you like, Siddhartha!"
"Håna mig om du vill, Siddhartha!"
"But have you not also developed a desire to hear these teachings?"
"Men har du inte också utvecklat en önskan att höra dessa läror?"
"have you not said you would not walk the path of the Samanas for much longer?"
"har du inte sagt att du inte skulle gå på Samanas väg på mycket längre?"
At this, Siddhartha laughed in his very own manner

Vid detta skrattade Siddhartha på sitt alldeles egna sätt
the manner in which his voice assumed a touch of sadness
det sätt på vilket hans röst antog en känsla av sorg
but it still had that touch of mockery
men den hade ändå den där touchen av hån
Spoke Siddhartha, "Govinda, you've spoken well"
Sade Siddhartha, "Govinda, du har talat bra"
"you've remembered correctly what I said"
"du kom ihåg rätt vad jag sa"
"If only you remembered the other thing you've heard from me"
"Om du bara kom ihåg det andra du har hört från mig"
"I have grown distrustful and tired against teachings and learning"
"Jag har blivit misstroende och trött på undervisning och lärande"
"my faith in words, which are brought to us by teachers, is small"
"min tro på ord, som kommer till oss av lärare, är liten"
"But let's do it, my dear"
"Men låt oss göra det, min kära"
"I am willing to listen to these teachings"
"Jag är villig att lyssna på dessa läror"
"though in my heart I do not have hope"
"fast i mitt hjärta har jag inget hopp"
"I believe that we've already tasted the best fruit of these teachings"
"Jag tror att vi redan har smakat den bästa frukten av dessa läror"
Spoke Govinda, "Your willingness delights my heart"
Govinda sa: "Din villighet gläder mitt hjärta"
"But tell me, how should this be possible?"
"Men säg mig, hur ska detta vara möjligt?"
"How can the Gotama's teachings have already revealed their best fruit to us?"

"Hur kan Gotamas läror redan ha avslöjat sin bästa frukt för oss?"
"we have not heard his words yet"
"vi har inte hört hans ord än"
Spoke Siddhartha, "Let us eat this fruit"
Siddhartha sade: "Låt oss äta denna frukt"
"and let us wait for the rest, oh Govinda!"
"och låt oss vänta på resten, åh Govinda!"
"But this fruit consists in him calling us away from the Samanas"
"Men denna frukt består i att han kallar oss bort från Samanas"
"and we have already received it thanks to the Gotama!"
"och vi har redan fått det tack vare Gotama!"
"Whether he has more, let us await with calm hearts"
"Om han har mer, låt oss vänta med lugna hjärtan"

On this very same day Siddhartha spoke to the oldest Samana
Samma dag talade Siddhartha med den äldsta Samana
he told him of his decision to leaves the Samanas
han berättade för honom om sitt beslut att lämna Samanas
he informed the oldest one with courtesy and modesty
han informerade den äldste med artighet och blygsamhet
but the Samana became angry that the two young men wanted to leave him
men Samana blev arg över att de två unga männen ville lämna honom
and he talked loudly and used crude words
och han pratade högt och använde grova ord
Govinda was startled and became embarrassed
Govinda blev förvånad och blev generad
But Siddhartha put his mouth close to Govinda's ear
Men Siddhartha lade sin mun nära Govindas öra
"Now, I want to show the old man what I've learned from him"

"Nu vill jag visa den gamle mannen vad jag har lärt mig av honom"
Siddhartha positioned himself closely in front of the Samana
Siddhartha placerade sig tätt framför Samana
with a concentrated soul, he captured the old man's glance
med en koncentrerad själ fångade han den gamle mannens blick
he deprived him of his power and made him mute
han berövade honom hans makt och gjorde honom stum
he took away his free will
han tog bort sin fria vilja
he subdued him under his own will, and commanded him
han underkuvade honom under hans egen vilja och befallde honom
his eyes became motionless, and his will was paralysed
hans ögon blev orörliga och hans vilja blev förlamad
his arms were hanging down without power
hans armar hängde ner utan ström
he had fallen victim to Siddhartha's spell
han hade fallit offer för Siddharthas besvärjelse
Siddhartha's thoughts brought the Samana under their control
Siddharthas tankar förde Samana under deras kontroll
he had to carry out what they commanded
han var tvungen att utföra vad de befallde
And thus, the old man made several bows
Och så gjorde den gamle mannen flera pilbågar
he performed gestures of blessing
han utförde välsignande gester
he spoke stammeringly a godly wish for a good journey
han talade stammande en gudomlig önskan om en god resa
the young men returned the good wishes with thanks
de unga männen tackade tillbaka lyckönskningarna
they went on their way with salutations
de gick sin väg med hälsningar

On the way, Govinda spoke again
På vägen talade Govinda igen
"Oh Siddhartha, you have learned more from the Samanas than I knew"
"Åh Siddhartha, du har lärt dig mer av Samanas än jag visste"
"It is very hard to cast a spell on an old Samana"
"Det är väldigt svårt att förtrolla en gammal Samana"
"Truly, if you had stayed there, you would soon have learned to walk on water"
"Sannerligen, om du hade stannat där, skulle du snart ha lärt dig att gå på vattnet"
"I do not seek to walk on water" said Siddhartha
"Jag vill inte gå på vattnet" sa Siddhartha
"Let old Samanas be content with such feats!"
"Låt gamla Samanas nöja sig med sådana bedrifter!"

Gotama

In Savathi, every child knew the name of the exalted Buddha
I Savathi kände varje barn namnet på den upphöjda Buddha
every house was prepared for his coming
varje hus var förberett för hans ankomst
each house filled the alms-dishes of Gotama's disciples
varje hus fyllde Gotamas lärjungars allmosfat
Gotama's disciples were the silently begging ones
Gotamas lärjungar var de tyst tiggande
Near the town was Gotama's favourite place to stay
Nära staden var Gotamas favoritställe att bo på
he stayed in the garden of Jetavana
han stannade i Jetavanas trädgård
the rich merchant Anathapindika had given the garden to Gotama
den rike köpmannen Anathapindika hade gett trädgården till Gotama
he had given it to him as a gift
han hade gett honom den i gåva
he was an obedient worshipper of the exalted one
han var en lydig dyrkare av den upphöjde
the two young ascetics had received tales and answers
de två unga asketerna hade fått berättelser och svar
all these tales and answers pointed them to Gotama's abode
alla dessa berättelser och svar pekade dem till Gotamas boning
they arrived in the town of Savathi
de anlände till staden Savathi
they went to the very first door of the town
de gick till den allra första dörren till staden
and they begged for food at the door
och de bad om mat vid dörren
a woman offered them food
en kvinna erbjöd dem mat

and they accepted the food
och de tog emot maten
Siddhartha asked the woman
frågade Siddhartha kvinnan
"oh charitable one, where does the Buddha dwell?"
"åh välgörenhet, var bor Buddha?"
"we are two Samanas from the forest"
"vi är två samanor från skogen"
"we have come to see the perfected one"
"vi har kommit för att se den fulländade"
"we have come to hear the teachings from his mouth"
"vi har kommit för att höra lärorna från hans mun"
Spoke the woman, "you Samanas from the forest"
Sade kvinnan, "ni Samanas från skogen"
"you have truly come to the right place"
"du har verkligen kommit till rätt ställe"
"you should know, in Jetavana, there is the garden of Anathapindika"
"du borde veta, i Jetavana finns Anathapindikas trädgård"
"that is where the exalted one dwells"
"det är där den upphöjde bor"
"there you pilgrims shall spend the night"
"där ska ni pilgrimer övernatta"
"there is enough space for the innumerable, who flock here"
"det finns tillräckligt med plats för de otaliga, som flockas här"
"they too come to hear the teachings from his mouth"
"de kommer också för att höra lärorna från hans mun"
This made Govinda happy, and full of joy
Detta gjorde Govinda glad och full av glädje
he exclaimed, "we have reached our destination"
utbrast han, "vi har nått vårt mål"
"our path has come to an end!"
"vår väg har tagit slut!"
"But tell us, oh mother of the pilgrims"
"Men säg oss, å pilgrimernas moder"
"do you know him, the Buddha?"

"Känner du honom, Buddha?"
"have you seen him with your own eyes?"
"har du sett honom med dina egna ögon?"
Spoke the woman, "Many times I have seen him, the exalted one"
Sade kvinnan: "Många gånger har jag sett honom, den upphöjde"
"On many days I have seen him"
"I många dagar har jag sett honom"
"I have seen him walking through the alleys in silence"
"Jag har sett honom gå genom gränderna i tysthet"
"I have seen him wearing his yellow cloak"
"Jag har sett honom bära sin gula kappa"
"I have seen him presenting his alms-dish in silence"
"Jag har sett honom framföra sin allmosarätt i tysthet"
"I have seen him at the doors of the houses"
"Jag har sett honom vid dörrarna till husen"
"and I have seen him leaving with a filled dish"
"och jag har sett honom gå med en fylld skål"
Delightedly, Govinda listened to the woman
Förtjust lyssnade Govinda på kvinnan
and he wanted to ask and hear much more
och han ville fråga och höra mycket mer
But Siddhartha urged him to walk on
Men Siddhartha uppmanade honom att gå vidare
They thanked the woman and left
De tackade kvinnan och gick
they hardly had to ask for directions
de behövde knappast fråga efter vägbeskrivning
many pilgrims and monks were on their way to the Jetavana
många pilgrimer och munkar var på väg till Jetavana
they reached it at night, so there were constant arrivals
de nådde det på natten, så det var ständiga ankomster
and those who sought shelter got it
och de som sökte skydd fick det
The two Samanas were accustomed to life in the forest

De två Samanerna var vana vid livet i skogen
so without making any noise they quickly found a place to stay
så utan att göra något oväsen hittade de snabbt en plats att bo på
and they rested there until the morning
och de vilade där till morgonen

At sunrise, they saw with astonishment the size of the crowd
Vid soluppgången såg de med häpnad storleken på folkmassan
a great many number of believers had come
ett stort antal troende hade kommit
and a great number of curious people had spent the night here
och ett stort antal nyfikna människor hade övernattat här
On all paths of the marvellous garden, monks walked in yellow robes
På alla stigar i den underbara trädgården gick munkar i gula dräkter
under the trees they sat here and there, in deep contemplation
under träden satt de här och där, i djup kontemplation
or they were in a conversation about spiritual matters
eller så pratade de om andliga frågor
the shady gardens looked like a city
de skuggiga trädgårdarna såg ut som en stad
a city full of people, bustling like bees
en stad full av människor, livlig som bin
The majority of the monks went out with their alms-dish
Majoriteten av munkarna gick ut med sin allmosa-rätt
they went out to collect food for their lunch
de gick ut för att hämta mat till sin lunch
this would be their only meal of the day
detta skulle vara deras enda måltid på dagen

The Buddha himself, the enlightened one, also begged in the mornings
Buddha själv, den upplyste, bad också på morgnarna
Siddhartha saw him, and he instantly recognised him
Siddhartha såg honom, och han kände omedelbart igen honom
he recognised him as if a God had pointed him out
han kände igen honom som om en Gud hade pekat ut honom
He saw him, a simple man in a yellow robe
Han såg honom, en enkel man i en gul mantel
he was bearing the alms-dish in his hand, walking silently
han bar allmosfatet i handen och gick tyst
"Look here!" Siddhartha said quietly to Govinda
"Titta här!" sade Siddhartha tyst till Govinda
"This one is the Buddha"
"Den här är Buddha"
Attentively, Govinda looked at the monk in the yellow robe
Uppmärksamt tittade Govinda på munken i den gula dräkten
this monk seemed to be in no way different from any of the others
denna munk verkade inte på något sätt skilja sig från någon av de andra
but soon, Govinda also realized that this is the one
men snart insåg Govinda också att det var den här
And they followed him and observed him
Och de följde honom och iakttog honom
The Buddha went on his way, modestly and deep in his thoughts
Buddha fortsatte sin väg, blygsamt och djupt i sina tankar
his calm face was neither happy nor sad
hans lugna ansikte var varken glad eller ledsen
his face seemed to smile quietly and inwardly
hans ansikte tycktes le tyst och inåt
his smile was hidden, quiet and calm
hans leende var dolt, tyst och lugnt

the way the Buddha walked somewhat resembled a healthy child
Buddhas sätt att gå påminde något om ett friskt barn
he walked just as all of his monks did
han gick precis som alla hans munkar gjorde
he placed his feet according to a precise rule
han placerade sina fötter enligt en exakt regel
his face and his walk, his quietly lowered glance
hans ansikte och hans gång, hans tyst sänkta blick
his quietly dangling hand, every finger of it
hans tyst dinglande hand, vartenda finger
all these things expressed peace
allt detta uttryckte frid
all these things expressed perfection
alla dessa saker uttryckte perfektion
he did not search, nor did he imitate
han letade inte och han härmade inte heller
he softly breathed inwardly an unwhithering calm
han andades mjukt inåt ett obevekligt lugn
he shone outwardly an unwhithering light
han lyste utåt ett oskäligt ljus
he had about him an untouchable peace
han hade en oberörbar frid över sig
the two Samanas recognised him solely by the perfection of his calm
de två Samanerna kände igen honom enbart genom perfektionen av hans lugn
they recognized him by the quietness of his appearance
de kände igen honom på hans stillhet
the quietness in his appearance in which there was no searching
tystnaden i hans utseende där det inte fanns något sökande
there was no desire, nor imitation
det fanns ingen lust eller imitation
there was no effort to be seen
det fanns ingen ansträngning att synas

only light and peace was to be seen in his appearance
endast ljus och frid var att se i hans utseende
"Today, we'll hear the teachings from his mouth" said Govinda
"I dag kommer vi att höra lärorna från hans mun", sa Govinda
Siddhartha did not answer
Siddhartha svarade inte
He felt little curiosity for the teachings
Han kände lite nyfikenhet för lärorna
he did not believe that they would teach him anything new
han trodde inte att de skulle lära honom något nytt
he had heard the contents of this Buddha's teachings again and again
han hade hört innehållet i denna Buddhas läror om och om igen
but these reports only represented second hand information
men dessa rapporter representerade bara andrahandsinformation
But attentively he looked at Gotama's head
Men uppmärksamt tittade han på Gotamas huvud
his shoulders, his feet, his quietly dangling hand
hans axlar, hans fötter, hans tyst dinglande hand
it was as if every finger of this hand was of these teachings
det var som om varje finger på denna hand tillhörde dessa läror
his fingers spoke of truth
hans fingrar talade om sanning
his fingers breathed and exhaled the fragrance of truth
hans fingrar andades och andades ut sanningens doft
his fingers glistened with truth
hans fingrar glittrade av sanning
this Buddha was truthful down to the gesture of his last finger
denna Buddha var sanningsenlig ner till gesten av sitt sista finger
Siddhartha could see that this man was holy

Siddhartha kunde se att denna man var helig
Never before, Siddhartha had venerated a person so much
Aldrig tidigare hade Siddhartha vördat en person så mycket
he had never before loved a person as much as this one
han hade aldrig tidigare älskat en person så mycket som denna
They both followed the Buddha until they reached the town
De följde båda Buddha tills de nådde staden
and then they returned to their silence
och sedan återvände de till sin tystnad
they themselves intended to abstain on this day
de hade själva för avsikt att avstå denna dag
They saw Gotama returning the food that had been given to him
De såg Gotama lämna tillbaka maten som han hade fått
what he ate could not even have satisfied a bird's appetite
vad han åt kunde inte ens ha tillfredsställt en fågels aptit
and they saw him retiring into the shade of the mango-trees
och de såg honom dra sig tillbaka in i skuggan av mangoträden

in the evening the heat had cooled down
på kvällen hade värmen svalnat
everyone in the camp started to bustle about and gathered around
alla i lägret började susa omkring och samlades runt
they heard the Buddha teaching, and his voice
de hörde Buddhas lära och hans röst
and his voice was also perfected
och hans röst var också fulländad
his voice was of perfect calmness
hans röst var av perfekt lugn
his voice was full of peace
hans röst var full av frid
Gotama taught the teachings of suffering
Gotama lärde ut läran om lidande

he taught of the origin of suffering
han undervisade om lidandets ursprung
he taught of the way to relieve suffering
han lärde ut hur man kan lindra lidande
Calmly and clearly his quiet speech flowed on
Lugnt och tydligt flödade hans stilla tal vidare
Suffering was life, and full of suffering was the world
Lidande var livet, och världen var full av lidande
but salvation from suffering had been found
men räddning från lidande hade hittats
salvation was obtained by him who would walk the path of the Buddha
frälsning erhölls av honom som skulle vandra på Buddhas väg
With a soft, yet firm voice the exalted one spoke
Med en mjuk men ändå fast röst talade den upphöjde
he taught the four main doctrines
han undervisade om de fyra huvudsakliga lärorna
he taught the eight-fold path
han lärde ut den åttafaldiga vägen
patiently he went the usual path of the teachings
tålmodigt gick han lärornas vanliga väg
his teachings contained the examples
hans läror innehöll exemplen
his teaching made use of the repetitions
hans undervisning använde sig av upprepningarna
brightly and quietly his voice hovered over the listeners
ljust och tyst svävade hans röst över lyssnarna
his voice was like a light
hans röst var som ett ljus
his voice was like a starry sky
hans röst var som en stjärnklar himmel
When the Buddha ended his speech, many pilgrims stepped forward
När Buddha avslutade sitt tal steg många pilgrimer fram
they asked to be accepted into the community
de bad om att bli accepterade i samhället

they sought refuge in the teachings
de sökte skydd i lärorna
And Gotama accepted them by speaking
Och Gotama accepterade dem genom att tala
"You have heard the teachings well"
"Du har hört lärorna väl"
"join us and walk in holiness"
"slut med oss och vandra i helighet"
"put an end to all suffering"
"sätta stopp för allt lidande"
Behold, then Govinda, the shy one, also stepped forward and spoke
Se, då steg även Govinda, den blyga, fram och talade
"I also take my refuge in the exalted one and his teachings"
"Jag tar också min tillflykt till den upphöjde och hans läror"
and he asked to be accepted into the community of his disciples
och han bad om att bli accepterad i sina lärjungars gemenskap
and he was accepted into the community of Gotama's disciples
och han accepterades i Gotamas lärjungars gemenskap

the Buddha had retired for the night
Buddha hade gått i pension för natten
Govinda turned to Siddhartha and spoke eagerly
Govinda vände sig till Siddhartha och talade ivrigt
"Siddhartha, it is not my place to scold you"
"Siddhartha, det är inte min plats att skälla på dig"
"We have both heard the exalted one"
"Vi har båda hört den upphöjde"
"we have both perceived the teachings"
"vi har båda uppfattat lärorna"
"Govinda has heard the teachings"
"Govinda har hört lärorna"
"he has taken refuge in the teachings"
"han har tagit sin tillflykt till lärorna"

"But, my honoured friend, I must ask you"
"Men, min ärade vän, jag måste fråga dig"
"don't you also want to walk the path of salvation?"
"vill du inte också vandra frälsningens väg?"
"Would you want to hesitate?"
"Skulle du vilja tveka?"
"do you want to wait any longer?"
"vill du vänta längre?"
Siddhartha awakened as if he had been asleep
Siddhartha vaknade som om han hade sovit
For a long time, he looked into Govinda's face
Under en lång stund såg han in i Govindas ansikte
Then he spoke quietly, in a voice without mockery
Sedan talade han tyst, med en röst utan hån
"Govinda, my friend, now you have taken this step"
"Govinda, min vän, nu har du tagit det här steget"
"now you have chosen this path"
"nu har du valt den här vägen"
"Always, oh Govinda, you've been my friend"
"Alltid, åh Govinda, du har varit min vän"
"you've always walked one step behind me"
"du har alltid gått ett steg bakom mig"
"Often I have thought about you"
"Jag har ofta tänkt på dig"
"'Won't Govinda for once also take a step by himself'"
"'Kommer inte Govinda för en gångs skull också ta ett steg själv'"
"'won't Govinda take a step without me?'"
"'kommer inte Govinda att ta ett steg utan mig?'"
"'won't he take a step driven by his own soul?'"
"'Kommer han inte att ta ett steg driven av sin egen själ?'"
"Behold, now you've turned into a man"
"Se, nu har du förvandlats till en man"
"you are choosing your path for yourself"
"du väljer din väg för dig själv"
"I wish that you would go it up to its end"

"Jag önskar att du kunde gå till dess slut"
"oh my friend, I hope that you shall find salvation!"
"Åh min vän, jag hoppas att du ska finna frälsning!"
Govinda, did not completely understand it yet
Govinda, förstod det inte riktigt än
he repeated his question in an impatient tone
han upprepade sin fråga med otålig ton
"Speak up, I beg you, my dear!"
"Säg till, jag ber dig, min kära!"
"Tell me, since it could not be any other way"
"Säg mig, eftersom det inte kunde vara på något annat sätt"
"won't you also take your refuge with the exalted Buddha?"
"Vill du inte också ta din tillflykt till den upphöjda Buddha?"
Siddhartha placed his hand on Govinda's shoulder
Siddhartha lade sin hand på Govindas axel
"You failed to hear my good wish for you"
"Du hörde inte min lyckoönskan till dig"
"I'm repeating my wish for you"
"Jag upprepar min önskan till dig"
"I wish that you would go this path"
"Jag önskar att du gick den här vägen"
"I wish that you would go up to this path's end"
"Jag önskar att du gick upp till denna vägs ände"
"I wish that you shall find salvation!"
"Jag önskar att du ska finna frälsning!"
In this moment, Govinda realized that his friend had left him
I detta ögonblick insåg Govinda att hans vän hade lämnat honom
when he realized this he started to weep
när han insåg detta började han gråta
"Siddhartha!" he exclaimed lamentingly
"Siddhartha!" utbrast han klagande
Siddhartha kindly spoke to him
Siddhartha talade vänligt till honom
"don't forget, Govinda, who you are"

"glöm inte, Govinda, vem du är"
"you are now one of the Samanas of the Buddha"
"du är nu en av Samanas of the Buddha"
"You have renounced your home and your parents"
"Du har avsagt dig ditt hem och dina föräldrar"
"you have renounced your birth and possessions"
"du har avstått från din födelse och dina ägodelar"
"you have renounced your free will"
"du har avstått från din fria vilja"
"you have renounced all friendship"
"du har avstått från all vänskap"
"This is what the teachings require"
"Detta är vad lärorna kräver"
"this is what the exalted one wants"
"det är vad den upphöjde vill ha"
"This is what you wanted for yourself"
"Det här är vad du ville ha för dig själv"
"Tomorrow, oh Govinda, I will leave you"
"Imorgon, åh Govinda, jag lämnar dig"
For a long time, the friends continued walking in the garden
Länge fortsatte vännerna att gå i trädgården
for a long time, they lay there and found no sleep
länge låg de där och fann ingen sömn
And over and over again, Govinda urged his friend
Och om och om igen uppmanade Govinda sin vän
"why would you not want to seek refuge in Gotama's teachings?"
"varför skulle du inte vilja söka skydd i Gotamas läror?"
"what fault could you find in these teachings?"
"vilket fel kan du hitta i dessa läror?"
But Siddhartha turned away from his friend
Men Siddhartha vände sig bort från sin vän
every time he said, "Be content, Govinda!"
varje gång han sa: "Var nöjd, Govinda!"
"Very good are the teachings of the exalted one"
"Mycket goda är den upphöjdes lära"

"how could I find a fault in his teachings?"
"hur kunde jag hitta ett fel i hans läror?"

it was very early in the morning
det var väldigt tidigt på morgonen
one of the oldest monks went through the garden
en av de äldsta munkarna gick genom trädgården
he called to those who had taken their refuge in the teachings
han kallade till dem som hade tagit sin tillflykt till lärorna
he called them to dress them up in the yellow robe
han kallade dem att klä upp dem i den gula dräkten
and he instruct them in the first teachings and duties of their position
och han undervisar dem i de första lärdomarna och plikterna i deras position
Govinda once again embraced his childhood friend
Govinda omfamnade återigen sin barndomsvän
and then he left with the novices
och sedan gick han med noviserna
But Siddhartha walked through the garden, lost in thought
Men Siddhartha gick genom trädgården, vilsen i tankar
Then he happened to meet Gotama, the exalted one
Sedan råkade han träffa Gotama, den upphöjde
he greeted him with respect
han hälsade honom med respekt
the Buddha's glance was full of kindness and calm
Buddhas blick var full av vänlighet och lugn
the young man summoned his courage
den unge mannen tog mod till sig
he asked the venerable one for the permission to talk to him
han bad den ärevördige om tillåtelse att tala med honom
Silently, the exalted one nodded his approval
Tyst nickade den upphöjde sitt godkännande
Spoke Siddhartha, "Yesterday, oh exalted one"
Sade Siddhartha, "Igår, o upphöjde"

"I had been privileged to hear your wondrous teachings"
"Jag hade haft förmånen att höra dina underbara läror"
"Together with my friend, I had come from afar, to hear your teachings"
"Tillsammans med min vän hade jag kommit långväga för att höra dina läror"
"And now my friend is going to stay with your people"
"Och nu ska min vän bo hos ditt folk"
"he has taken his refuge with you"
"han har tagit sin tillflykt hos dig"
"But I will again start on my pilgrimage"
"Men jag ska börja på min pilgrimsfärd igen"
"As you please," the venerable one spoke politely
"Som du vill," sa den ärevördige artigt
"Too bold is my speech," Siddhartha continued
"För djärvt är mitt tal," fortsatte Siddhartha
"but I do not want to leave the exalted on this note"
"men jag vill inte lämna de upphöjda på denna ton"
"I want to share with the most venerable one my honest thoughts"
"Jag vill dela mina ärliga tankar till den mest ärevördiga"
"Does it please the venerable one to listen for one moment longer?"
"Behagar det den ärevördige att lyssna ett ögonblick längre?"
Silently, the Buddha nodded his approval
Tyst nickade Buddha sitt godkännande
Spoke Siddhartha, "oh most venerable one"
Sade Siddhartha, "oh mest ärevördiga"
"there is one thing I have admired in your teachings most of all"
"det finns en sak jag har beundrat i din lära mest av allt"
"Everything in your teachings is perfectly clear"
"Allt i dina läror är helt klart"
"what you speak of is proven"
"det du talar om är bevisat"
"you are presenting the world as a perfect chain"

"du presenterar världen som en perfekt kedja"
"a chain which is never and nowhere broken"
"en kedja som aldrig och ingenstans bryts"
"an eternal chain the links of which are causes and effects"
"en evig kedja vars länkar är orsaker och effekter"
"Never before, has this been seen so clearly"
"Aldrig tidigare, har detta setts så tydligt"
"never before, has this been presented so irrefutably"
"aldrig tidigare, har detta presenterats så ovedersägligt"
"truly, the heart of every Brahman has to beat stronger with love"
"verkligen, varje brahmans hjärta måste slå starkare av kärlek"
"he has seen the world through your perfectly connected teachings"
"han har sett världen genom dina perfekt sammankopplade läror"
"without gaps, clear as a crystal"
"utan luckor, klar som en kristall"
"not depending on chance, not depending on Gods"
"inte beroende av slumpen, inte beroende av gudar"
"he has to accept it whether it may be good or bad"
"han måste acceptera det oavsett om det är bra eller dåligt"
"he has to live by it whether it would be suffering or joy"
"han måste leva efter det oavsett om det är lidande eller glädje"
"but I do not wish to discuss the uniformity of the world"
"men jag vill inte diskutera världens enhetlighet"
"it is possible that this is not essential"
"det är möjligt att detta inte är nödvändigt"
"everything which happens is connected"
"allt som händer hänger ihop"
"the great and the small things are all encompassed"
"de stora och de små är alla omslutna"
"they are connected by the same forces of time"
"de är sammankopplade av samma tidskrafter"
"they are connected by the same law of causes"

"de är förbundna med samma orsakslag"
"the causes of coming into being and of dying"
"orsakerna till att bli till och att dö"
"this is what shines brightly out of your exalted teachings"
"det här är vad som lyser klart ur dina upphöjda läror"
"But, according to your very own teachings, there is a small gap"
"Men enligt din egen lära finns det en liten lucka"
"this unity and necessary sequence of all things is broken in one place"
"denna enhet och nödvändiga sekvens av alla saker är bruten på ett ställe"
"this world of unity is invaded by something alien"
"denna värld av enhet är invaderad av något främmande"
"there is something new, which had not been there before"
"det finns något nytt, som inte hade funnits där förut"
"there is something which cannot be demonstrated"
"det finns något som inte kan påvisas"
"there is something which cannot be proven"
"det finns något som inte kan bevisas"
"these are your teachings of overcoming the world"
"detta är dina läror om att övervinna världen"
"these are your teachings of salvation"
"detta är dina frälsningsläror"
"But with this small gap, the eternal breaks apart again"
"Men med denna lilla lucka bryter det eviga isär igen"
"with this small breach, the law of the world becomes void"
"med detta lilla brott blir världens lag ogiltig"
"Please forgive me for expressing this objection"
"Snälla förlåt mig för att jag uttrycker denna invändning"
Quietly, Gotama had listened to him, unmoved
Tyst hade Gotama lyssnat på honom, oberörd
Now he spoke, the perfected one, with his kind and polite clear voice
Nu talade han, den fulländade, med sin vänliga och artiga klara röst

"You've heard the teachings, oh son of a Brahman"
"Du har hört lärorna, åh son till en brahman"
"and good for you that you've thought about it this deeply"
"och bra för dig att du har tänkt så djupt på det"
"You've found a gap in my teachings, an error"
"Du har hittat en lucka i min lära, ett misstag"
"You should think about this further"
"Du borde fundera vidare på det här"
"But be warned, oh seeker of knowledge, of the thicket of opinions"
"Men varnas, o kunskapssökande, för åsikternas snår"
"be warned of arguing about words"
"varnas för att bråka om ord"
"There is nothing to opinions"
"Det finns inget med åsikter"
"they may be beautiful or ugly"
"de kan vara vackra eller fula"
"opinions may be smart or foolish"
"åsikter kan vara smarta eller dumma"
"everyone can support opinions, or discard them"
"alla kan stödja åsikter, eller förkasta dem"
"But the teachings, you've heard from me, are no opinion"
"Men lärorna, du har hört från mig, är ingen åsikt"
"their goal is not to explain the world to those who seek knowledge"
"Deras mål är inte att förklara världen för dem som söker kunskap"
"They have a different goal"
"De har ett annat mål"
"their goal is salvation from suffering"
"deras mål är frälsning från lidande"
"This is what Gotama teaches, nothing else"
"Det här är vad Gotama lär ut, inget annat"
"I wish that you, oh exalted one, would not be angry with me" said the young man

"Jag önskar att du, o upphöjde, inte skulle vara arg på mig", sa den unge mannen
"I have not spoken to you like this to argue with you"
"Jag har inte pratat med dig så här för att argumentera med dig"
"I do not wish to argue about words"
"Jag vill inte bråka om ord"
"You are truly right, there is little to opinions"
"Du har verkligen rätt, det finns lite för åsikter"
"But let me say one more thing"
"Men låt mig säga en sak till"
"I have not doubted in you for a single moment"
"Jag har inte tvivlat på dig ett enda ögonblick"
"I have not doubted for a single moment that you are Buddha"
"Jag har inte tvivlat ett enda ögonblick på att du är Buddha"
"I have not doubted that you have reached the highest goal"
"Jag har inte tvivlat på att du har nått det högsta målet"
"the highest goal towards which so many Brahmans are on their way"
"det högsta målet som så många brahmaner är på väg mot"
"You have found salvation from death"
"Du har funnit frälsning från döden"
"It has come to you in the course of your own search"
"Det har kommit till dig under ditt eget sökande"
"it has come to you on your own path"
"det har kommit till dig på din egen väg"
"it has come to you through thoughts and meditation"
"det har kommit till dig genom tankar och meditation"
"it has come to you through realizations and enlightenment"
"det har kommit till dig genom insikter och upplysning"
"but it has not come to you by means of teachings!"
"men det har inte kommit till dig genom läror!"
"And this is my thought"
"Och detta är min tanke"
"nobody will obtain salvation by means of teachings!"

"ingen kommer att få frälsning genom läror!"
"You will not be able to convey your hour of enlightenment"
"Du kommer inte att kunna förmedla din timme av upplysning"
"words of what has happened to you won't convey the moment!"
"ord om vad som har hänt dig kommer inte att förmedla ögonblicket!"
"The teachings of the enlightened Buddha contain much"
"Den upplysta Buddhas lära innehåller mycket"
"it teaches many to live righteously"
"det lär många att leva rättfärdigt"
"it teaches many to avoid evil"
"det lär många att undvika ondska"
"But there is one thing which these teachings do not contain"
"Men det finns en sak som dessa läror inte innehåller"
"they are clear and venerable, but the teachings miss something"
"de är tydliga och ärevördiga, men lärorna missar något"
"the teachings do not contain the mystery"
"läran innehåller inte mysteriet"
"the mystery of what the exalted one has experienced for himself"
"mysteriet med vad den upphöjde har upplevt för sig själv"
"among hundreds of thousands, only he experienced it"
"bland hundratusentals var det bara han som upplevde det"
"This is what I have thought and realized, when I heard the teachings"
"Det här är vad jag har tänkt och insett när jag hörde lärorna"
"This is why I am continuing my travels"
"Det är därför jag fortsätter mina resor"
"this is why I do not to seek other, better teachings"
"det är därför jag inte vill söka andra, bättre läror"
"I know there are no better teachings"
"Jag vet att det inte finns några bättre läror"
"I leave to depart from all teachings and all teachers"

"Jag lämnar för att avvika från alla läror och alla lärare"
"I leave to reach my goal by myself, or to die"
"Jag går för att nå mitt mål själv, eller för att dö"
"But often, I'll think of this day, oh exalted one"
"Men ofta tänker jag på den här dagen, o upphöjde"
"and I'll think of this hour, when my eyes beheld a holy man"
"och jag tänker på denna stund, då mina ögon såg en helig man"
The Buddha's eyes quietly looked to the ground
Buddhas ögon tittade tyst mot marken
quietly, in perfect equanimity, his inscrutable face was smiling
tyst, i perfekt jämnmod, log hans outgrundliga ansikte
the venerable one spoke slowly
den ärevördiga talade långsamt
"I wish that your thoughts shall not be in error"
"Jag önskar att dina tankar inte är felaktiga"
"I wish that you shall reach the goal!"
"Jag önskar att du ska nå målet!"
"But there is something I ask you to tell me"
"Men det är något jag ber dig berätta för mig"
"Have you seen the multitude of my Samanas?"
"Har du sett mängden av mina Samanas?"
"they have taken refuge in the teachings"
"de har tagit sin tillflykt till lärorna"
"do you believe it would be better for them to abandon the teachings?"
"tror du att det skulle vara bättre för dem att överge lärorna?"
"should they to return into the world of desires?"
"ska de återvända till önskningarnas värld?"
"Far is such a thought from my mind" exclaimed Siddhartha
"Långt är en sådan tanke från mitt sinne" utbrast Siddhartha
"I wish that they shall all stay with the teachings"
"Jag önskar att de alla ska stanna vid lärorna"
"I wish that they shall reach their goal!"

"Jag önskar att de ska nå sitt mål!"
"It is not my place to judge another person's life"
"Det är inte min plats att döma en annan människas liv"
"I can only judge my own life "
"Jag kan bara bedöma mitt eget liv"
"I must decide, I must chose, I must refuse"
"Jag måste bestämma mig, jag måste välja, jag måste vägra"
"Salvation from the self is what we Samanas search for"
"Frälsning från jaget är vad vi Samanas söker efter"
"oh exalted one, if only I were one of your disciples"
"Oh upphöjde, om jag bara vore en av dina lärjungar"
"I'd fear that it might happen to me"
"Jag är rädd att det kan hända mig"
"only seemingly, would my self be calm and be redeemed"
"bara till synes skulle jag vara lugn och bli förlöst"
"but in truth it would live on and grow"
"men i sanning skulle det leva vidare och växa"
"because then I would replace my self with the teachings"
"för då skulle jag ersätta mig själv med lärorna"
"my self would be my duty to follow you"
"Jag själv skulle vara min plikt att följa dig"
"my self would be my love for you"
"Jag själv skulle vara min kärlek till dig"
"and my self would be the community of the monks!"
"och jag skulle vara munkarnas gemenskap!"
With half of a smile Gotama looked into the stranger's eyes
Med ett halvt leende tittade Gotama in i främlingens ögon
his eyes were unwaveringly open and kind
hans ögon var orubbligt öppna och vänliga
he bid him to leave with a hardly noticeable gesture
han bad honom att gå med en knappast märkbar gest
"You are wise, oh Samana" the venerable one spoke
"Du är klok, åh Samana" sa den ärevördiga
"You know how to talk wisely, my friend"
"Du vet hur man pratar klokt, min vän"
"Be aware of too much wisdom!"

"Var medveten om för mycket visdom!"
The Buddha turned away
Buddha vände sig bort
Siddhartha would never forget his glance
Siddhartha skulle aldrig glömma sin blick
his half smile remained forever etched in Siddhartha's memory
hans halva leende förblev för alltid etsat i Siddharthas minne
Siddhartha thought to himself
tänkte Siddhartha för sig själv
"I have never before seen a person glance and smile this way"
"Jag har aldrig tidigare sett en person titta och le på det här sättet"
"no one else sits and walks like he does"
"ingen annan sitter och går som han gör"
"truly, I wish to be able to glance and smile this way"
"Jag vill verkligen kunna titta och le på det här sättet"
"I wish to be able to sit and walk this way, too"
"Jag vill också kunna sitta och gå på det här sättet"
"liberated, venerable, concealed, open, childlike and mysterious"
"befriad, ärevördig, dold, öppen, barnslig och mystisk"
"he must have succeeded in reaching the innermost part of his self"
"han måste ha lyckats nå den innersta delen av sitt jag"
"only then can someone glance and walk this way"
"först då kan någon titta och gå den här vägen"
"I will also seek to reach the innermost part of my self"
"Jag kommer också att försöka nå den innersta delen av mig själv"
"I saw a man" Siddhartha thought
"Jag såg en man" tänkte Siddhartha
"a single man, before whom I would have to lower my glance"
"en singel man, inför vilken jag skulle behöva sänka blicken"

"I do not want to lower my glance before anyone else"
"Jag vill inte sänka min blick framför någon annan"
"No teachings will entice me more anymore"
"Inga läror kommer att locka mig längre"
"because this man's teachings have not enticed me"
"eftersom denna mans läror inte har lockat mig"
"I am deprived by the Buddha" thought Siddhartha
"Jag är berövad av Buddha" tänkte Siddhartha
"I am deprived, although he has given so much"
"Jag är berövad, även om han har gett så mycket"
"he has deprived me of my friend"
"han har berövat mig min vän"
"my friend who had believed in me"
"min vän som hade trott på mig"
"my friend who now believes in him"
"min vän som nu tror på honom"
"my friend who had been my shadow"
"min vän som hade varit min skugga"
"and now he is Gotama's shadow"
"och nu är han Gotamas skugga"
"but he has given me Siddhartha"
"men han har gett mig Siddhartha"
"he has given me myself"
"han har gett mig mig själv"

Awakening
Uppvaknande

Siddhartha left the mango grove behind him
Siddhartha lämnade mangolunden bakom sig
but he felt his past life also stayed behind
men han kände att hans tidigare liv också stannade kvar
the Buddha, the perfected one, stayed behind
Buddha, den fulländade, stannade kvar
and Govinda stayed behind too
och Govinda blev kvar också
and his past life had parted from him
och hans tidigare liv hade skilt sig från honom
he pondered as he was walking slowly
funderade han medan han gick långsamt
he pondered about this sensation, which filled him completely
han funderade över denna känsla, som fyllde honom helt
He pondered deeply, like diving into a deep water
Han funderade djupt, som att dyka ner i ett djupt vatten
he let himself sink down to the ground of the sensation
han lät sig sjunka ner till sensationens mark
he let himself sink down to the place where the causes lie
han lät sig sjunka ner till den plats där orsakerna ligger
to identify the causes is the very essence of thinking
att identifiera orsakerna är själva kärnan i tänkandet
this was how it seemed to him
så här såg det ut för honom
and by this alone, sensations turn into realizations
och bara genom detta förvandlas förnimmelser till insikter
and these sensations are not lost
och dessa förnimmelser går inte förlorade
but the sensations become entities
men förnimmelserna blir enheter
and the sensations start to emit what is inside of them
och förnimmelserna börjar avge det som finns inuti dem

they show their truths like rays of light
de visar sina sanningar som ljusstrålar
Slowly walking along, Siddhartha pondered
Siddhartha gick långsamt fram och funderade
He realized that he was no youth any more
Han insåg att han inte längre var ung
he realized that he had turned into a man
han insåg att han hade förvandlats till en man
He realized that something had left him
Han insåg att något hade lämnat honom
the same way a snake is left by its old skin
på samma sätt som en orm lämnas av sin gamla hud
what he had throughout his youth no longer existed in him
det han hade under hela sin ungdom fanns inte längre i honom
it used to be a part of him; the wish to have teachers
det brukade vara en del av honom; önskan att ha lärare
the wish to listen to teachings
önskan att lyssna på läror
He had also left the last teacher who had appeared on his path
Han hade också lämnat den sista läraren som hade dykt upp på hans väg
he had even left the highest and wisest teacher
han hade till och med lämnat den högsta och klokaste läraren
he had left the most holy one, Buddha
han hade lämnat den allra heligaste, Buddha
he had to part with him, unable to accept his teachings
han var tvungen att skiljas från honom, oförmögen att acceptera hans läror
Slower, he walked along in his thoughts
Långsammare gick han med i sina tankar
and he asked himself, "But what is this?"
och han frågade sig själv: "Men vad är detta?"
"what have you sought to learn from teachings and from teachers?"

"vad har du försökt lära dig av undervisning och av lärare?"
"and what were they, who have taught you so much?"
"och vad var de, som har lärt dig så mycket?"
"what are they if they have been unable to teach you?"
"vad är de om de inte har kunnat lära dig?"
And he found, "It was the self"
Och han fann, "det var jaget"
"it was the purpose and essence of which I sought to learn"
"det var syftet och essensen som jag försökte lära mig"
"It was the self I wanted to free myself from"
"Det var jaget jag ville befria mig från"
"the self which I sought to overcome"
"jaget som jag försökte övervinna"
"But I was not able to overcome it"
"Men jag kunde inte övervinna det"
"I could only deceive it"
"Jag kunde bara lura det"
"I could only flee from it"
"Jag kunde bara fly från det"
"I could only hide from it"
"Jag kunde bara gömma mig för det"
"Truly, no thing in this world has kept my thoughts so busy"
"Ingenting i den här världen har verkligen hållit mina tankar så upptagna"
"I have been kept busy by the mystery of me being alive"
"Jag har varit upptagen av mysteriet med att jag lever"
"the mystery of me being one"
"mysteriet med att jag är en"
"the mystery if being separated and isolated from all others"
"mysteriet om att vara separerad och isolerad från alla andra"
"the mystery of me being Siddhartha!"
"mysteriet med att jag är Siddhartha!"
"And there is no thing in this world I know less about"
"Och det finns inget i den här världen jag vet mindre om"
he had been pondering while slowly walking along
han hade grubblat medan han sakta gick

he stopped as these thoughts caught hold of him
han stannade när dessa tankar fick tag i honom
and right away another thought sprang forth from these thoughts
och genast sprang en annan tanke fram ur dessa tankar
"there's one reason why I know nothing about myself"
"det finns en anledning till att jag inte vet något om mig själv"
"there's one reason why Siddhartha has remained alien to me"
"det finns en anledning till varför Siddhartha har förblivit främmande för mig"
"all of this stems from one cause"
"allt detta härrör från en orsak"
"I was afraid of myself, and I was fleeing"
"Jag var rädd om mig själv och jag flydde"
"I have searched for both Atman and Brahman"
"Jag har sökt efter både Atman och Brahman"
"for this I was willing to dissect my self"
"för detta var jag villig att dissekera mig själv"
"and I was willing to peel off all of its layers"
"och jag var villig att skala bort alla dess lager"
"I wanted to find the core of all peels in its unknown interior"
"Jag ville hitta kärnan av alla skalar i dess okända inre"
"the Atman, life, the divine part, the ultimate part"
"Atman, livet, den gudomliga delen, den ultimata delen"
"But I have lost myself in the process"
"Men jag har tappat bort mig själv i processen"
Siddhartha opened his eyes and looked around
Siddhartha öppnade ögonen och såg sig omkring
looking around, a smile filled his face
när han tittade sig omkring fylldes hans ansikte med ett leende
a feeling of awakening from long dreams flowed through him

en känsla av att vakna upp ur långa drömmar flödade genom honom
the feeling flowed from his head down to his toes
känslan rann från hans huvud ner till tårna
And it was not long before he walked again
Och det dröjde inte länge innan han gick igen
he walked quickly, like a man who knows what he has got to do
han gick snabbt, som en man som vet vad han har att göra
"now I will not let Siddhartha escape from me again!"
"nu kommer jag inte låta Siddhartha fly från mig igen!"
"I no longer want to begin my thoughts and my life with Atman"
"Jag vill inte längre börja mina tankar och mitt liv med Atman"
"nor do I want to begin my thoughts with the suffering of the world"
"Jag vill inte heller börja mina tankar med världens lidande"
"I do not want to kill and dissect myself any longer"
"Jag vill inte döda och dissekera mig själv längre"
"Yoga-Veda shall not teach me anymore"
"Yoga-Veda ska inte lära mig längre"
"nor Atharva-Veda, nor the ascetics"
"varken Atharva-Veda eller asketerna"
"there will not be any kind of teachings"
"det kommer inte att finnas någon form av läror"
"I want to learn from myself and be my student"
"Jag vill lära av mig själv och vara min elev"
"I want to get to know myself; the secret of Siddhartha"
"Jag vill lära känna mig själv; Siddharthas hemlighet"

He looked around, as if he was seeing the world for the first time
Han såg sig omkring, som om han såg världen för första gången
Beautiful and colourful was the world
Vacker och färgstark var världen

strange and mysterious was the world
märklig och mystisk var världen
Here was blue, there was yellow, here was green
Här var blått, det var gult, här var grönt
the sky and the river flowed
himlen och floden flödade
the forest and the mountains were rigid
skogen och bergen var stela
all of the world was beautiful
hela världen var vacker
all of it was mysterious and magical
allt var mystiskt och magiskt
and in its midst was he, Siddhartha, the awakening one
och i dess mitt var han, Siddhartha, den uppvaknande
and he was on the path to himself
och han var på vägen till sig själv
all this yellow and blue and river and forest entered Siddhartha
allt detta gula och blåa och floden och skogen kom in i Siddhartha
for the first time it entered through the eyes
för första gången kom det in genom ögonen
it was no longer a spell of Mara
det var inte längre en besvärjelse av Mara
it was no longer the veil of Maya
det var inte längre Mayas slöja
it was no longer a pointless and coincidental
det var inte längre meningslöst och slumpmässigt
things were not just a diversity of mere appearances
saker var inte bara en mångfald av blotta utseenden
appearances despicable to the deeply thinking Brahman
framträdanden föraktlig för den djupt tänkande Brahman
the thinking Brahman scorns diversity, and seeks unity
den tänkande Brahman föraktar mångfald och söker enhet
Blue was blue and river was river
Blått var blått och floden var flod

the singular and divine lived hidden in Siddhartha
det singulära och gudomliga levde gömt i Siddhartha
divinity's way and purpose was to be yellow here, and blue there
gudomlighetens sätt och syfte var att vara gul här och blå där
there sky, there forest, and here Siddhartha
där himlen, där skog och här Siddhartha
The purpose and essential properties was not somewhere behind the things
Syftet och de väsentliga egenskaperna låg inte någonstans bakom sakerna
the purpose and essential properties was inside of everything
syftet och väsentliga egenskaper fanns i allting
"How deaf and stupid have I been!" he thought
"Hur döv och dum har jag varit!" tänkte han
and he walked swiftly along
och han gick fort fram
"When someone reads a text he will not scorn the symbols and letters"
"När någon läser en text kommer han inte att förakta symbolerna och bokstäverna"
"he will not call the symbols deceptions or coincidences"
"han kommer inte kalla symbolerna för bedrägerier eller tillfälligheter"
"but he will read them as they were written"
"men han kommer att läsa dem som de skrevs"
"he will study and love them, letter by letter"
"han kommer att studera och älska dem, bokstav för bokstav"
"I wanted to read the book of the world and scorned the letters"
"Jag ville läsa världens bok och föraktade bokstäverna"
"I wanted to read the book of myself and scorned the symbols"
"Jag ville läsa boken om mig själv och föraktade symbolerna"
"I called my eyes and my tongue coincidental"

"Jag kallade mina ögon och min tunga för en slump"
"I said they were worthless forms without substance"
"Jag sa att de var värdelösa former utan substans"
"No, this is over, I have awakened"
"Nej, det här är över, jag har vaknat"
"I have indeed awakened"
"Jag har verkligen vaknat"
"I had not been born before this very day"
"Jag hade inte fötts innan just denna dag"
In thinking these thoughts, Siddhartha suddenly stopped once again
När Siddhartha tänkte dessa tankar stannade plötsligt upp igen
he stopped as if there was a snake lying in front of him
han stannade som om det låg en orm framför honom
suddenly, he had also become aware of something else
plötsligt hade han också blivit medveten om något annat
He was indeed like someone who had just woken up
Han var verkligen som någon som precis hade vaknat
he was like a new-born baby starting life anew
han var som en nyfödd bebis som började livet på nytt
and he had to start again at the very beginning
och han var tvungen att börja om från början
in the morning he had had very different intentions
på morgonen hade han haft väldigt olika avsikter
he had thought to return to his home and his father
han hade tänkt återvända till sitt hem och sin far
But now he stopped as if a snake was lying on his path
Men nu stannade han som om en orm låg på hans stig
he made a realization of where he was
han insåg var han var
"I am no longer the one I was"
"Jag är inte längre den jag var"
"I am no ascetic anymore"
"Jag är ingen asket längre"
"I am not a priest anymore"

"Jag är inte präst längre"
"I am no Brahman anymore"
"Jag är ingen brahman längre"
"Whatever should I do at my father's place?"
"Vad ska jag göra hos min far?"
"Study? Make offerings? Practise meditation?"
"Studera? Ge erbjudanden? Öva meditation?"
"But all this is over for me"
"Men allt detta är över för mig"
"all of this is no longer on my path"
"allt detta är inte längre på min väg"
Motionless, Siddhartha remained standing there
Orörlig stod Siddhartha kvar där
and for the time of one moment and breath, his heart felt cold
och under ett ögonblick och ett andetag kändes hans hjärta kallt
he felt a coldness in his chest
han kände en kyla i bröstet
the same feeling a small animal feels when it sees how alone it is
samma känsla som ett litet djur känner när det ser hur ensamt det är
For many years, he had been without home and had felt nothing
I många år hade han varit utan hem och inte känt någonting
Now, he felt he had been without a home
Nu kände han att han hade varit utan hem
Still, even in the deepest meditation, he had been his father's son
Ändå, även i den djupaste meditationen, hade han varit sin fars son
he had been a Brahman, of a high caste
han hade varit en brahman, av en hög kast
he had been a cleric
han hade varit präst

Now, he was nothing but Siddhartha, the awoken one
Nu var han inget annat än Siddhartha, den vaknade
nothing else was left of him
inget annat fanns kvar av honom
Deeply, he inhaled and felt cold
Djupt andades han in och kände sig kall
a shiver ran through his body
en rysning gick genom hans kropp
Nobody was as alone as he was
Ingen var så ensam som han
There was no nobleman who did not belong to the noblemen
Det fanns ingen adelsman som inte tillhörde adelsmännen
there was no worker that did not belong to the workers
det fanns ingen arbetare som inte tillhörde arbetarna
they had all found refuge among themselves
de hade alla funnit en tillflykt sinsemellan
they shared their lives and spoke their languages
de delade sina liv och talade sina språk
there are no Brahman who would not be regarded as Brahmans
det finns inga brahmaner som inte skulle betraktas som brahmaner
and there are no Brahmans that didn't live as Brahmans
och det finns inga brahmaner som inte levde som brahmaner
there are no ascetic who could not find refuge with the Samanas
det finns inga asketer som inte kunde finna tillflykt hos Samanas
and even the most forlorn hermit in the forest was not alone
och även den mest övergivna eremiten i skogen var inte ensam
he was also surrounded by a place he belonged to
han var också omgiven av en plats han tillhörde
he also belonged to a caste in which he was at home
han tillhörde också en kast i vilken han var hemma

Govinda had left him and became a monk
Govinda hade lämnat honom och blivit munk
and a thousand monks were his brothers
och tusen munkar var hans bröder
they wore the same robe as him
de bar samma mantel som han
they believed in his faith and spoke his language
de trodde på hans tro och talade hans språk
But he, Siddhartha, where did he belong to?
Men han, Siddhartha, var hörde han hemma?
With whom would he share his life?
Vem skulle han dela sitt liv med?
Whose language would he speak?
Vems språk skulle han tala?
the world melted away all around him
världen smälte bort runt omkring honom
he stood alone like a star in the sky
han stod ensam som en stjärna på himlen
cold and despair surrounded him
kyla och förtvivlan omgav honom
but Siddhartha emerged out of this moment
men Siddhartha dök upp ur detta ögonblick
Siddhartha emerged more his true self than before
Siddhartha framträdde mer som sitt sanna jag än tidigare
he was more firmly concentrated than he had ever been
han var fastare koncentrerad än han någonsin varit
He felt; "this had been the last tremor of the awakening"
Han kände; "det här hade varit uppvaknandets sista darrning"
"the last struggle of this birth"
"den här födelsens sista kamp"
And it was not long until he walked again in long strides
Och det dröjde inte länge förrän han gick i långa steg igen
he started to proceed swiftly and impatiently
han började gå snabbt och otåligt
he was no longer going home
han skulle inte längre hem

he was no longer going to his father
han skulle inte längre till sin far

Part Two
Del två

***

Kamala

Siddhartha learned something new on every step of his path
Siddhartha lärde sig något nytt på varje steg på hans väg
because the world was transformed and his heart was enchanted
eftersom världen förvandlades och hans hjärta blev förtrollat
He saw the sun rising over the mountains
Han såg solen gå upp över bergen
and he saw the sun setting over the distant beach
och han såg solen gå ner över den avlägsna stranden
At night, he saw the stars in the sky in their fixed positions
På natten såg han stjärnorna på himlen i sina fasta positioner
and he saw the crescent of the moon floating like a boat in the blue
och han såg månens halvmåne flyta som en båt i det blå
He saw trees, stars, animals, and clouds
Han såg träd, stjärnor, djur och moln
rainbows, rocks, herbs, flowers, streams and rivers
regnbågar, stenar, örter, blommor, bäckar och floder
he saw the glistening dew in the bushes in the morning
han såg den glittrande daggen i buskarna på morgonen
he saw distant high mountains which were blue
han såg avlägsna höga berg som var blå
wind blew through the rice-field
vinden blåste genom risfältet
all of this, a thousand-fold and colourful, had always been there
allt detta, tusenfaldigt och färgglatt, hade alltid funnits där
the sun and the moon had always shone
solen och månen hade alltid sken

rivers had always roared and bees had always buzzed
floder hade alltid brustit och bin hade alltid surrat
but in former times all of this had been a deceptive veil
men förr hade allt detta varit en bedräglig slöja
to him it had been nothing more than fleeting
för honom hade det inte varit annat än flyktigt
it was supposed to be looked upon in distrust
det var meningen att man skulle betrakta den i misstro
it was destined to be penetrated and destroyed by thought
det var avsett att genomträngas och förstöras av tanken
since it was not the essence of existence
eftersom det inte var kärnan i tillvaron
since this essence lay beyond, on the other side of, the visible
eftersom denna essens låg bortom, på andra sidan, det synliga
But now, his liberated eyes stayed on this side
Men nu stannade hans befriade ögon på denna sida
he saw and became aware of the visible
han såg och blev medveten om det synliga
he sought to be at home in this world
han sökte vara hemma i denna värld
he did not search for the true essence
han sökte inte efter den sanna essensen
he did not aim at a world beyond
han siktade inte på en värld bortom
this world was beautiful enough for him
denna värld var tillräckligt vacker för honom
looking at it like this made everything childlike
att se på det så här gjorde allt barnsligt
Beautiful were the moon and the stars
Vackra var månen och stjärnorna
beautiful was the stream and the banks
vacker var bäcken och stränderna
the forest and the rocks, the goat and the gold-beetle
skogen och klipporna, geten och guldbaggen
the flower and the butterfly; beautiful and lovely it was

blomman och fjärilen; vackert och härligt var det
to walk through the world was childlike again
att gå genom världen var barnsligt igen
this way he was awoken
så här väcktes han
this way he was open to what is near
på detta sätt var han öppen för det som är nära
this way he was without distrust
på detta sätt var han utan misstro
differently the sun burnt the head
annorlunda brände solen huvudet
differently the shade of the forest cooled him down
annorlunda svalkade skogens skugga honom
differently the pumpkin and the banana tasted
olika smakade pumpan och bananen
Short were the days, short were the nights
Korta var dagarna, korta var nätterna
every hour sped swiftly away like a sail on the sea
varje timme for snabbt iväg som ett segel på havet
and under the sail was a ship full of treasures, full of joy
och under seglet låg ett skepp fullt av skatter, fullt av glädje
Siddhartha saw a group of apes moving through the high canopy
Siddhartha såg en grupp apor röra sig genom den höga baldakinen
they were high in the branches of the trees
de stod högt uppe i trädens grenar
and he heard their savage, greedy song
och han hörde deras vilda, giriga sång
Siddhartha saw a male sheep following a female one and mating with her
Siddhartha såg ett hanfår följa efter ett hona och para sig med henne
In a lake of reeds, he saw the pike hungrily hunting for its dinner
I en vasssjö såg han gäddan hungrigt jaga efter sin middag

young fish were propelling themselves away from the pike
unga fiskar drev sig bort från gäddan
they were scared, wiggling and sparkling
de var rädda, vickade och glittrade
the young fish jumped in droves out of the water
ungfisken hoppade i massor upp ur vattnet
the scent of strength and passion came forcefully out of the water
doften av styrka och passion kom kraftfullt upp ur vattnet
and the pike stirred up the scent
och gäddan rörde upp doften
All of this had always existed
Allt detta hade alltid funnits
and he had not seen it, nor had he been with it
och han hade inte sett den, och han hade inte varit med den
Now he was with it and he was part of it
Nu var han med och han var en del av det
Light and shadow ran through his eyes
Ljus och skugga rann genom hans ögon
stars and moon ran through his heart
stjärnor och måne rann genom hans hjärta

Siddhartha remembered everything he had experienced in the Garden Jetavana
Siddhartha mindes allt han hade upplevt i Garden Jetavana
he remembered the teaching he had heard there from the divine Buddha
han mindes läran han hade hört där från den gudomliga Buddha
he remembered the farewell from Govinda
han mindes avskedet från Govinda
he remembered the conversation with the exalted one
han mindes samtalet med den upphöjde
Again he remembered his own words that he had spoken to the exalted one

Återigen mindes han sina egna ord som han hade talat till den upphöjde
he remembered every word
han kom ihåg varje ord
he realized he had said things which he had not really known
han insåg att han hade sagt saker som han inte riktigt visste
he astonished himself with what he had said to Gotama
han förvånade sig över vad han hade sagt till Gotama
the Buddha's treasure and secret was not the teachings
Buddhas skatt och hemlighet var inte lärorna
but the secret was the inexpressible and not teachable
men hemligheten var den outsägliga och inte lärbara
the secret which he had experienced in the hour of his enlightenment
hemligheten som han hade upplevt i sin upplysnings timme
the secret was nothing but this very thing which he had now gone to experience
hemligheten var ingenting annat än just detta som han nu hade gått för att uppleva
the secret was what he now began to experience
hemligheten var vad han nu började uppleva
Now he had to experience his self
Nu var han tvungen att uppleva sig själv
he had already known for a long time that his self was Atman
han hade redan länge vetat att han själv var Atman
he knew Atman bore the same eternal characteristics as Brahman
han visste att Atman bar samma eviga egenskaper som Brahman
But he had never really found this self
Men han hade aldrig riktigt hittat detta jag
because he had wanted to capture the self in the net of thought
eftersom han hade velat fånga jaget i tankens nät

but the body was not part of the self
men kroppen var inte en del av jaget
it was not the spectacle of the senses
det var inte sinnenas skådespel
so it also was not the thought, nor the rational mind
så var det inte heller tanken eller det rationella sinnet
it was not the learned wisdom, nor the learned ability
det var inte den lärda visdomen, inte heller den inlärda förmågan
from these things no conclusions could be drawn
av dessa saker kunde inga slutsatser dras
No, the world of thought was also still on this side
Nej, tankevärlden var också fortfarande på denna sida
Both, the thoughts as well as the senses, were pretty things
Både tankarna och sinnena var vackra saker
but the ultimate meaning was hidden behind both of them
men den yttersta meningen gömdes bakom dem båda
both had to be listened to and played with
båda måste lyssnas på och lekas med
neither had to be scorned nor overestimated
varken behövde föraktas eller överskattas
there were secret voices of the innermost truth
det fanns hemliga röster om den innersta sanningen
these voices had to be attentively perceived
dessa röster måste uppmärksammas
He wanted to strive for nothing else
Han ville inte sträva efter något annat
he would do what the voice commanded him to do
han skulle göra vad rösten befallde honom att göra
he would dwell where the voices advised him to
han skulle bo där rösterna rådde honom till
Why had Gotama sat down under the Bodhi tree?
Varför hade Gotama satt sig under Bodhi-trädet?
He had heard a voice in his own heart
Han hade hört en röst i sitt eget hjärta

a voice which had commanded him to seek rest under this tree
en röst som hade befallt honom att söka vila under detta träd
he could have gone on to make offerings
han kunde ha gått vidare med att offra
he could have performed his ablutions
han kunde ha utfört sina tvättningar
he could have spent that moment in prayer
han kunde ha tillbringat den stunden i bön
he had chosen not to eat or drink
han hade valt att inte äta eller dricka
he had chosen not to sleep or dream
han hade valt att inte sova eller drömma
instead, he had obeyed the voice
istället hade han lydt rösten
To obey like this was good
Att lyda så här var bra
it was good not to obey to an external command
det var bra att inte lyda ett yttre kommando
it was good to obey only the voice
det var bra att bara lyda rösten
to be ready like this was good and necessary
att vara redo så här var bra och nödvändigt
there was nothing else that was necessary
det var inget annat som behövdes

in the night Siddhartha got to a river
på natten kom Siddhartha till en flod
he slept in the straw hut of a ferryman
han sov i en färjemans halmkoja
this night Siddhartha had a dream
denna natt hade Siddhartha en dröm
Govinda was standing in front of him
Govinda stod framför honom
he was dressed in the yellow robe of an ascetic
han var klädd i en askets gula dräkt

Sad was how Govinda looked
Sorgligt var hur Govinda såg ut
sadly he asked, "Why have you forsaken me?"
sorgset frågade han: "Varför har du övergivit mig?"
Siddhartha embraced Govinda, and wrapped his arms around him
Siddhartha omfamnade Govinda och slog armarna runt honom
he pulled him close to his chest and kissed him
han drog honom intill bröstet och kysste honom
but it was not Govinda anymore, but a woman
men det var inte Govinda längre, utan en kvinna
a full breast popped out of the woman's dress
ett helt bröst dök upp ur kvinnans klänning
Siddhartha lay and drank from the breast
Siddhartha låg och drack ur bröstet
sweetly and strongly tasted the milk from this breast
smakade sött och starkt mjölken från detta bröst
It tasted of woman and man
Det smakade kvinna och man
it tasted of sun and forest
det smakade sol och skog
it tasted of animal and flower
det smakade djur och blomma
it tasted of every fruit and every joyful desire
det smakade av varje frukt och varje glädjefylld lust
It intoxicated him and rendered him unconscious
Det berusade honom och gjorde honom medvetslös
Siddhartha woke up from the dream
Siddhartha vaknade ur drömmen
the pale river shimmered through the door of the hut
den bleka floden skimrade genom dörren till kojan
a dark call of an owl resounded deeply through the forest
ett mörkt rop av en uggla ljöd djupt genom skogen
Siddhartha asked the ferryman to get him across the river
Siddhartha bad färjemannen att få honom över floden

The ferryman got him across the river on his bamboo-raft
Färjemannen fick honom över floden på sin bambu-flotte
the water shimmered reddish in the light of the morning
vattnet skimrade rödaktigt i morgonljuset
"This is a beautiful river," he said to his companion
"Det här är en vacker flod", sa han till sin kamrat
"Yes," said the ferryman, "a very beautiful river"
"Ja", sa färjemannen, "en mycket vacker flod"
"I love it more than anything"
"Jag älskar det mer än något annat"
"Often I have listened to it"
"Jag har ofta lyssnat på den"
"often I have looked into its eyes"
"Jag har ofta tittat in i dess ögon"
"and I have always learned from it"
"och jag har alltid lärt mig av det"
"Much can be learned from a river"
"Mycket kan läras av en flod"
"I thank you, my benefactor" spoke Siddhartha
"Jag tackar dig, min välgörare" sa Siddhartha
he disembarked on the other side of the river
han steg av på andra sidan floden
"I have no gift I could give you for your hospitality, my dear"
"Jag har ingen gåva jag skulle kunna ge dig för din gästfrihet, min kära"
"and I also have no payment for your work"
"och jag har heller ingen betalning för ditt arbete"
"I am a man without a home"
"Jag är en man utan hem"
"I am the son of a Brahman and a Samana"
"Jag är son till en Brahman och en Samana"
"I did see it," spoke the ferryman
"Jag såg det", sa färjemannen
"I did not expect any payment from you"
"Jag förväntade mig ingen betalning från dig"

"it is custom for guests to bear a gift"
"det är vanligt att gästerna bär en gåva"
"but I did not expect this from you either"
"men jag förväntade mig inte det här av dig heller"
"You will give me the gift another time"
"Du kommer att ge mig gåvan en annan gång"
"Do you think so?" asked Siddhartha, bemusedly
"Tror du det?" frågade Siddhartha förvirrat
"I am sure of it," replied the ferryman
"Jag är säker på det", svarade färjemannen
"This too, I have learned from the river"
"Också detta har jag lärt mig av floden"
"everything that goes comes back!"
"allt som går kommer tillbaka!"
"You too, Samana, will come back"
"Också du, Samana, kommer tillbaka"
"Now farewell! Let your friendship be my reward"
"Nu farväl! Låt din vänskap bli min belöning"
"Commemorate me, when you make offerings to the gods"
"Til minne av mig när du ger offer till gudarna"
Smiling, they parted from each other
Leende skildes de från varandra
Smiling, Siddhartha was happy about the friendship
Siddhartha leende glad över vänskapen
and he was happy about the kindness of the ferryman
och han var glad över färjemannens godhet
"He is like Govinda," he thought with a smile
"Han är som Govinda", tänkte han med ett leende
"all I meet on my path are like Govinda"
"allt jag möter på min väg är som Govinda"
"All are thankful for what they have"
"Alla är tacksamma för vad de har"
"but they are the ones who would have a right to receive thanks"
"men det är de som skulle ha rätt att få tack"
"all are submissive and would like to be friends"

"alla är undergivna och skulle vilja vara vänner"
"all like to obey and think little"
"alla gillar att lyda och tänka lite"
"all people are like children"
"alla människor är som barn"

At about noon, he came through a village
Vid middagstid kom han genom en by
In front of the mud cottages, children were rolling about in the street
Framför lerstugorna rullade barn omkring på gatan
they were playing with pumpkin-seeds and sea-shells
de lekte med pumpafrön och snäckskal
they screamed and wrestled with each other
de skrek och brottades med varandra
but they all timidly fled from the unknown Samana
men de flydde alla försiktigt från det okända Samana
In the end of the village, the path led through a stream
I slutet av byn gick stigen genom en bäck
by the side of the stream, a young woman was kneeling
vid sidan av bäcken låg en ung kvinna på knä
she was washing clothes in the stream
hon tvättade kläder i bäcken
When Siddhartha greeted her, she lifted her head
När Siddhartha hälsade henne lyfte hon på huvudet
and she looked up to him with a smile
och hon såg upp på honom med ett leende
he could see the white in her eyes glistening
han kunde se det vita i hennes ögon glittra
He called out a blessing to her
Han ropade en välsignelse till henne
this was the custom among travellers
detta var seden bland resenärer
and he asked how far it was to the large city
och han frågade hur långt det var till den stora staden
Then she got up and came to him

Sedan reste hon sig och kom till honom
beautifully her wet mouth was shimmering in her young face
vackert skimrade hennes våta mun i hennes unga ansikte
She exchanged humorous banter with him
Hon bytte humoristiska skämt med honom
she asked whether he had eaten already
hon frågade om han redan hade ätit
and she asked curious questions
och hon ställde nyfikna frågor
"**is it true that the Samanas slept alone in the forest at night?**"
"är det sant att Samanas sov ensamma i skogen på natten?"
"**is it true Samanas are not allowed to have women with them**"
"är det sant att Samana inte får ha kvinnor med sig"
While talking, she put her left foot on his right one
Medan hon pratade satte hon sin vänstra fot på hans högra
the movement of a woman who would want to initiate sexual pleasure
rörelsen av en kvinna som skulle vilja initiera sexuell njutning
the textbooks call this "climbing a tree"
läroböckerna kallar detta "klättra i ett träd"
Siddhartha felt his blood heating up
Siddhartha kände hur hans blod värmdes upp
he had to think of his dream again
han var tvungen att tänka på sin dröm igen
he bend slightly down to the woman
han böjde sig lätt ner mot kvinnan
and he kissed with his lips the brown nipple of her breast
och han kysste med sina läppar den bruna bröstvårtan på hennes bröst
Looking up, he saw her face smiling
När han tittade upp såg han hennes ansikte le
and her eyes were full of lust
och hennes ögon var fulla av lust
Siddhartha also felt desire for her

Siddhartha kände också lust efter henne
he felt the source of his sexuality moving
han kände källan till sin sexualitet röra sig
but he had never touched a woman before
men han hade aldrig rört en kvinna förut
so he hesitated for a moment
så han tvekade ett ögonblick
his hands were already prepared to reach out for her
hans händer var redan beredda att sträcka ut efter henne
but then he heard the voice of his innermost self
men så hörde han sitt innersta röst
he shuddered with awe at his voice
han ryste av vördnad åt sin röst
and this voice told him no
och denna röst sa nej till honom
all charms disappeared from the young woman's smiling face
alla charm försvann från den unga kvinnans leende ansikte
he no longer saw anything else but a damp glance
han såg inte längre något annat än en fuktig blick
all he could see was female animal in heat
allt han kunde se var hondjur i brunst
Politely, he petted her cheek
Artigt klappade han hennes kind
he turned away from her and disappeared away
han vände sig bort från henne och försvann bort
he left from the disappointed woman with light steps
han lämnade den besvikna kvinnan med lätta steg
and he disappeared into the bamboo-wood
och han försvann in i bambuskogen

he reached the large city before the evening
han nådde den stora staden före kvällen
and he was happy to have reached the city
och han var glad över att ha nått staden
because he felt the need to be among people

eftersom han kände ett behov av att vara bland människor
or a long time, he had lived in the forests
eller länge, han hade bott i skogarna
for first time in a long time he slept under a roof
för första gången på länge sov han under tak
Before the city was a beautifully fenced garden
Innan staden var en vackert inhägnad trädgård
the traveller came across a small group of servants
resenären stötte på en liten grupp tjänare
the servants were carrying baskets of fruit
tjänarna bar fruktkorgar
four servants were carrying an ornamental sedan-chair
fyra tjänare bar en dekorativ sedanstol
on this chair sat a woman, the mistress
på denna stol satt en kvinna, älskarinnan
she was on red pillows under a colourful canopy
hon låg på röda kuddar under en färgglad baldakin
Siddhartha stopped at the entrance to the pleasure-garden
Siddhartha stannade vid ingången till lustträdgården
and he watched the parade go by
och han såg paraden gå förbi
he saw saw the servants and the maids
han såg såg tjänarna och pigorna
he saw the baskets and the sedan-chair
han såg korgarna och sedanstolen
and he saw the lady on the chair
och han såg damen på stolen
Under her black hair he saw a very delicate face
Under hennes svarta hår såg han ett mycket känsligt ansikte
a bright red mouth, like a freshly cracked fig
en knallröd mun, som ett nyknäckt fikon
eyebrows which were well tended and painted in a high arch
ögonbryn som var välskötta och målade i en hög båge
they were smart and watchful dark eyes
de var smarta och vaksamma mörka ögon

a clear, tall neck rose from a green and golden garment
en klar, hög halsros från ett grönt och gyllene plagg
her hands were resting, long and thin
hennes händer vilade, långa och smala
she had wide golden bracelets over her wrists
hon hade breda guldarmband över handleden
Siddhartha saw how beautiful she was, and his heart rejoiced
Siddhartha såg hur vacker hon var, och hans hjärta gladde sig
He bowed deeply, when the sedan-chair came closer
Han böjde sig djupt när sedanstolen kom närmare
straightening up again, he looked at the fair, charming face
rätade upp sig igen och såg på det ljusa, charmiga ansiktet
he read her smart eyes with the high arcs
han läste hennes smarta ögon med de höga bågarna
he breathed in a fragrance of something he did not know
han andades in en doft av något han inte kände till
With a smile, the beautiful woman nodded for a moment
Med ett leende nickade den vackra kvinnan ett ögonblick
then she disappeared into the garden
sedan försvann hon in i trädgården
and then the servants disappeared as well
och så försvann också tjänstefolket
"I am entering this city with a charming omen" Siddhartha thought
"Jag går in i den här staden med ett charmigt omen" tänkte Siddhartha
He instantly felt drawn into the garden
Han kände sig genast indragen i trädgården
but he thought about his situation
men han tänkte på sin situation
he became aware of how the servants and maids had looked at him
han blev medveten om hur tjänarna och pigorna hade sett på honom
they thought him despicable, distrustful, and rejected him

de tyckte att han var föraktlig, misstroende och avvisade honom
"I am still a Samana" he thought
"Jag är fortfarande en Samana" tänkte han
"I am still an ascetic and beggar"
"Jag är fortfarande en asket och tiggare"
"I must not remain like this"
"Jag får inte förbli så här"
"I will not be able to enter the garden like this," he laughed
"Jag kommer inte att kunna gå in i trädgården så här", skrattade han
he asked the next person who came along the path about the garden
frågade han nästa person som kom längs stigen om trädgården
and he asked for the name of the woman
och han frågade efter kvinnans namn
he was told that this was the garden of Kamala, the famous courtesan
han fick veta att detta var Kamalas trädgård, den berömda kurtisanen
and he was told that she also owned a house in the city
och han fick veta att hon också ägde ett hus i staden
Then, he entered the city with a goal
Sedan gick han in i staden med ett mål
Pursuing his goal, he allowed the city to suck him in
Han strävade efter sitt mål och lät staden suga in honom
he drifted through the flow of the streets
han drev genom gatornas flöde
he stood still on the squares in the city
han stod stilla på torgen i staden
he rested on the stairs of stone by the river
han vilade på stentrappan vid floden
When the evening came, he made friends with a barber's assistant
När kvällen kom blev han vän med en frisörassistent

he had seen him working in the shade of an arch
han hade sett honom arbeta i skuggan av en båge
and he found him again praying in a temple of Vishnu
och han fann honom igen när han bad i Vishnus tempel
he told about stories of Vishnu and the Lakshmi
han berättade om historier om Vishnu och Lakshmi
Among the boats by the river, he slept this night
Bland båtarna vid floden sov han denna natt
Siddhartha came to him before the first customers came into his shop
Siddhartha kom till honom innan de första kunderna kom in i hans butik
he had the barber's assistant shave his beard and cut his hair
han lät barberarens assistent raka skägget och klippa håret
he combed his hair and anointed it with fine oil
han kammade sitt hår och smorde det med fin olja
Then he went to take his bath in the river
Sedan gick han för att bada i floden

late in the afternoon, beautiful Kamala approached her garden
sent på eftermiddagen närmade sig vackra Kamala sin trädgård
Siddhartha was standing at the entrance again
Siddhartha stod vid ingången igen
he made a bow and received the courtesan's greeting
han gjorde en bugning och fick kurtisanens hälsning
he got the attention of one of the servant
han fick en av tjänarnas uppmärksamhet
he asked him to inform his mistress
han bad honom att informera sin älskarinna
"a young Brahman wishes to talk to her"
"en ung Brahman vill prata med henne"
After a while, the servant returned
Efter en stund kom betjänten tillbaka
the servant asked Siddhartha to follow him

tjänaren bad Siddhartha att följa honom
Siddhartha followed the servant into a pavilion
Siddhartha följde efter tjänaren in i en paviljong
here Kamala was lying on a couch
här låg Kamala på en soffa
and the servant left him alone with her
och tjänaren lämnade honom ensam med henne
"Weren't you also standing out there yesterday, greeting me?" asked Kamala
"Stå du inte också där ute igår och hälsade på mig?" frågade Kamala
"It's true that I've already seen and greeted you yesterday"
"Det är sant att jag redan har sett och hälsat på dig igår"
"But didn't you yesterday wear a beard, and long hair?"
"Men hade du inte igår skägg och långt hår?"
"and was there not dust in your hair?"
"och var det inte damm i ditt hår?"
"You have observed well, you have seen everything"
"Du har observerat väl, du har sett allt"
"You have seen Siddhartha, the son of a Brahman"
"Du har sett Siddhartha, son till en brahman"
"the Brahman who has left his home to become a Samana"
"Brahmanen som har lämnat sitt hem för att bli en Samana"
"the Brahman who has been a Samana for three years"
"Brahmanen som har varit en Samana i tre år"
"But now, I have left that path and came into this city"
"Men nu har jag lämnat den vägen och kommit in i den här staden"
"and the first one I met, even before I had entered the city, was you"
"och den första jag träffade, redan innan jag hade kommit in i staden, var du"
"To say this, I have come to you, oh Kamala!"
"För att säga detta har jag kommit till dig, åh Kamala!"
"before, Siddhartha addressed all woman with his eyes to the ground"

"förut tilltalade Siddhartha alla kvinnor med ögonen mot marken"
"You are the first woman whom I address otherwise"
"Du är den första kvinnan jag tilltalar annars"
"Never again do I want to turn my eyes to the ground"
"Aldrig igen vill jag vända blicken mot marken"
"I won't turn when I'm coming across a beautiful woman"
"Jag vänder mig inte när jag stöter på en vacker kvinna"
Kamala smiled and played with her fan of peacocks' feathers
Kamala log och lekte med sin fan av påfåglars fjädrar
"And only to tell me this, Siddhartha has come to me?"
"Och bara för att berätta detta, har Siddhartha kommit till mig?"
"To tell you this and to thank you for being so beautiful"
"Att berätta detta och tacka dig för att du är så vacker"
"I would like to ask you to be my friend and teacher"
"Jag skulle vilja be dig att vara min vän och lärare"
"for I know nothing yet of that art which you have mastered"
"ty jag vet ännu ingenting om den konst som du behärskar"
At this, Kamala laughed aloud
Kamala skrattade högt åt detta
"Never before this has happened to me, my friend"
"Det här har aldrig hänt mig, min vän"
"a Samana from the forest came to me and wanted to learn from me!"
"en Samana från skogen kom till mig och ville lära av mig!"
"Never before this has happened to me"
"Aldrig förr detta har hänt mig"
"a Samana came to me with long hair and an old, torn loincloth!"
"en Samana kom till mig med långt hår och en gammal, sönderriven länddukuk!"
"Many young men come to me"
"Många unga män kommer till mig"
"and there are also sons of Brahmans among them"

"och det finns också söner till brahmaner bland dem"
"but they come in beautiful clothes"
"men de kommer i vackra kläder"
"they come in fine shoes"
"de kommer i fina skor"
"they have perfume in their hair"
"de har parfym i håret"
"and they have money in their pouches"
"och de har pengar i sina fickor"
"This is how the young men are like, who come to me"
"Så här är de unga männen som kommer till mig"
Spoke Siddhartha, "Already I am starting to learn from you"
Sade Siddhartha, "Jag börjar redan lära av dig"
"Even yesterday, I was already learning"
"Även igår lärde jag mig redan"
"I have already taken off my beard"
"Jag har redan tagit av mig skägget"
"I have combed the hair"
"Jag har kammat håret"
"and I have oil in my hair"
"och jag har olja i håret"
"There is little which is still missing in me"
"Det är lite som fortfarande saknas i mig"
"oh excellent one, fine clothes, fine shoes, money in my pouch"
"åh utmärkt, fina kläder, fina skor, pengar i min påse"
"You shall know Siddhartha has set harder goals for himself"
"Du ska veta att Siddhartha har satt upp hårdare mål för sig själv"
"and he has reached these goals"
"och han har nått dessa mål"
"How shouldn't I reach that goal?"
"Hur ska jag inte nå det målet?"
"the goal which I have set for myself yesterday"
"målet som jag satte upp för mig själv igår"

"to be your friend and to learn the joys of love from you"
"att vara din vän och lära dig kärlekens glädje av dig"
"You'll see that I'll learn quickly, Kamala"
"Du ska se att jag lär mig snabbt, Kamala"
"I have already learned harder things than what you're supposed to teach me"
"Jag har redan lärt mig svårare saker än vad du ska lära mig"
"And now let's get to it"
"Och nu ska vi komma till det"
"You aren't satisfied with Siddhartha as he is?"
"Du är inte nöjd med Siddhartha som han är?"
"with oil in his hair, but without clothes"
"med olja i håret, men utan kläder"
"Siddhartha without shoes, without money"
"Siddhartha utan skor, utan pengar"
Laughing, Kamala exclaimed, "No, my dear"
Skrattande utbrast Kamala, "Nej, min kära"
"he doesn't satisfy me, yet"
"han tillfredsställer mig inte ännu"
"Clothes are what he must have"
"Kläder är vad han måste ha"
"pretty clothes, and shoes is what he needs"
"vackra kläder och skor är vad han behöver"
"pretty shoes, and lots of money in his pouch"
"snygga skor och massor av pengar i påsen"
"and he must have gifts for Kamala"
"och han måste ha presenter till Kamala"
"Do you know it now, Samana from the forest?"
"Vet du det nu, Samana från skogen?"
"Did you mark my words?"
"Markerade du mina ord?"
"Yes, I have marked your words," Siddhartha exclaimed
"Ja, jag har markerat dina ord," utbrast Siddhartha
"How should I not mark words which are coming from such a mouth!"

"Hur ska jag inte markera ord som kommer från en sådan mun!"
"Your mouth is like a freshly cracked fig, Kamala"
"Din mun är som ett nyknäckt fikon, Kamala"
"My mouth is red and fresh as well"
"Min mun är röd och fräsch också"
"it will be a suitable match for yours, you'll see"
"det kommer att vara en passande match för dig ska du se"
"But tell me, beautiful Kamala"
"Men säg mig, vackra Kamala"
"aren't you at all afraid of the Samana from the forest""
"är du inte alls rädd för Samana från skogen""
"the Samana who has come to learn how to make love"
"Samanan som har kommit för att lära sig att älska"
"Whatever for should I be afraid of a Samana?"
"Vad ska jag vara rädd för en Samana för?"
"a stupid Samana from the forest"
"en dum Samana från skogen"
"a Samana who is coming from the jackals"
"en Samana som kommer från schakalerna"
"a Samana who doesn't even know yet what women are?"
"en Samana som inte ens vet ännu vad kvinnor är?"
"Oh, he's strong, the Samana"
"Åh, han är stark, Samana"
"and he isn't afraid of anything"
"och han är inte rädd för någonting"
"He could force you, beautiful girl"
"Han kunde tvinga dig, vackra flicka"
"He could kidnap you and hurt you"
"Han kunde kidnappa dig och skada dig"
"No, Samana, I am not afraid of this"
"Nej, Samana, jag är inte rädd för det här"
"Did any Samana or Brahman ever fear someone might come and grab him?"
"Har någon Samana eller Brahman någonsin fruktat att någon skulle komma och ta honom?"

"could he fear someone steals his learning?
"kan han vara rädd för att någon stjäl hans lärdom?
"could anyone take his religious devotion"
"kan någon ta hans religiösa hängivenhet"
"is it possible to take his depth of thought?
"är det möjligt att ta hans tankedjup?
"No, because these things are his very own"
"Nej, för dessa saker är hans alldeles egna"
"he would only give away the knowledge he is willing to give"
"han skulle bara ge bort den kunskap han är villig att ge"
"he would only give to those he is willing to give to"
"han skulle bara ge till dem han är villig att ge till"
"precisely like this it is also with Kamala"
"precis så här är det också med Kamala"
"and it is the same way with the pleasures of love"
"och det är på samma sätt med kärlekens nöjen"
"Beautiful and red is Kamala's mouth," answered Siddhartha
"Vacker och röd är Kamalas mun," svarade Siddhartha
"but don't try to kiss it against Kamala's will"
"men försök inte kyssa den mot Kamalas vilja"
"because you will not obtain a single drop of sweetness from it"
"för du får inte en enda droppe sötma av det"
"You are learning easily, Siddhartha"
"Du lär dig lätt, Siddhartha"
"you should also learn this"
"det här borde du också lära dig"
"love can be obtained by begging, buying"
"kärlek kan erhållas genom att tigga, köpa"
"you can receive it as a gift"
"du kan få det som en gåva"
"or you can find it in the street"
"eller så kan du hitta den på gatan"
"but love cannot be stolen"
"men kärlek kan inte stjälas"

"In this, you have come up with the wrong path"
"I detta har du kommit på fel väg"
"it would be a pity if you would want to tackle love in such a wrong manner"
"det skulle vara synd om du skulle vilja tackla kärleken på ett så fel sätt"
Siddhartha bowed with a smile
Siddhartha bugade sig med ett leende
"It would be a pity, Kamala, you are so right"
"Det skulle vara synd, Kamala, du har så rätt"
"It would be such a great pity"
"Det skulle vara så himla synd"
"No, I shall not lose a single drop of sweetness from your mouth"
"Nej, jag kommer inte att tappa en enda droppe sötma från din mun"
"nor shall you lose sweetness from my mouth"
"du ska inte tappa sötma från min mun"
"So it is agreed. Siddhartha will return"
"Så det är överenskommet. Siddhartha kommer tillbaka"
"Siddhartha will return once he has what he still lacks"
"Siddhartha kommer tillbaka när han har det han fortfarande saknar"
"he will come back with clothes, shoes, and money"
"han kommer tillbaka med kläder, skor och pengar"
"But speak, lovely Kamala, couldn't you still give me one small advice?"
"Men tala, fina Kamala, kunde du inte ändå ge mig ett litet råd?"
"Give you an advice? Why not?"
"Ge dig ett råd? Varför inte?"
"Who wouldn't like to give advice to a poor, ignorant Samana?"
"Vem skulle inte vilja ge råd till en fattig, okunnig Samana?"
"Dear Kamala, where I should go to find these three things most quickly?"

"Kära Kamala, vart ska jag gå för att hitta dessa tre saker snabbast?"
"Friend, many would like to know this"
"Vän, många skulle vilja veta detta"
"You must do what you've learned and ask for money"
"Du måste göra det du har lärt dig och be om pengar"
"There is no other way for a poor man to obtain money"
"Det finns inget annat sätt för en fattig man att få pengar"
"What might you be able to do?"
"Vad skulle du kunna göra?"
"I can think. I can wait. I can fast" said Siddhartha
"Jag kan tänka. Jag kan vänta. Jag kan fasta", sa Siddhartha
"Nothing else?" asked Kamala
"Inget annat?" frågade Kamala
"yes, I can also write poetry"
"ja, jag kan också skriva poesi"
"Would you like to give me a kiss for a poem?"
"Vill du ge mig en kyss för en dikt?"
"I would like to, if I like your poem"
"Jag skulle vilja, om jag gillar din dikt"
"What would be its title?"
"Vad skulle dess titel vara?"
Siddhartha spoke, after he had thought about it for a moment
Siddhartha talade efter att han tänkt på det ett ögonblick
"Into her shady garden stepped the pretty Kamala"
"In i hennes skuggiga trädgård klev den vackra Kamala"
"At the garden's entrance stood the brown Samana"
"Vid trädgårdens entré stod den bruna Samana"
"Deeply, seeing the lotus's blossom, Bowed that man"
"Djupt, när jag såg lotusblomman, böjde den mannen"
"and smiling, Kamala thanked him"
"och leende tackade Kamala honom"
"More lovely, thought the young man, than offerings for gods"
"Vackrare, tyckte den unge mannen, än offer till gudar"

Kamala clapped her hands so loud that the golden bracelets clanged
Kamala klappade händerna så högt att de gyllene armbanden klirrade
"Beautiful are your verses, oh brown Samana"
"Vackra är dina verser, åh bruna Samana"
"and truly, I'm losing nothing when I'm giving you a kiss for them"
"och verkligen, jag förlorar ingenting när jag ger dig en kyss för dem"
She beckoned him with her eyes
Hon vinkade honom med ögonen
he tilted his head so that his face touched hers
han lutade huvudet så att hans ansikte nuddade hennes
and he placed his mouth on her mouth
och han lade sin mun på hennes mun
the mouth which was like a freshly cracked fig
munnen som var som ett nyknäckt fikon
For a long time, Kamala kissed him
Under en lång tid kysste Kamala honom
and with a deep astonishment Siddhartha felt how she taught him
och med en djup förvåning kände Siddhartha hur hon lärde honom
he felt how wise she was
han kände hur klok hon var
he felt how she controlled him
han kände hur hon kontrollerade honom
he felt how she rejected him
han kände hur hon avvisade honom
he felt how she lured him
han kände hur hon lockade honom
and he felt how there were to be more kisses
och han kände hur det skulle bli fler kyssar
every kiss was different from the others
varje kyss var annorlunda än de andra

he was still, when he received the kisses
han var stilla, när han fick kyssarna
Breathing deeply, he remained standing where he was
Han andades djupt och blev stående där han var
he was astonished like a child about the things worth learning
han var förvånad som ett barn över det som var värt att lära sig
the knowledge revealed itself before his eyes
kunskapen visade sig framför hans ögon
"Very beautiful are your verses" exclaimed Kamala
"Mycket vackra är dina verser" utbrast Kamala
"if I were rich, I would give you pieces of gold for them"
"om jag var rik, skulle jag ge dig guldbitar för dem"
"But it will be difficult for you to earn enough money with verses"
"Men det kommer att vara svårt för dig att tjäna tillräckligt med pengar med verser"
"because you need a lot of money, if you want to be Kamala's friend"
"eftersom du behöver mycket pengar, om du vill vara Kamalas vän"
"The way you're able to kiss, Kamala!" stammered Siddhartha
"Så som du kan kyssa, Kamala!" stammade Siddhartha
"Yes, this I am able to do"
"Ja, det här kan jag göra"
"therefore I do not lack clothes, shoes, bracelets"
"därför saknar jag inte kläder, skor, armband"
"I have all the beautiful things"
"Jag har alla vackra saker"
"But what will become of you?"
"Men vad kommer det att bli av dig?"
"Aren't you able to do anything else?"
"Kan du inte göra något annat?"
"can you do more than think, fast, and make poetry?"

"kan du göra mer än att tänka, fasta och göra poesi?"
"I also know the sacrificial songs" said Siddhartha
"Jag kan också offersångerna", sa Siddhartha
"but I do not want to sing those songs anymore"
"men jag vill inte sjunga de sångerna längre"
"I also know how to make magic spells"
"Jag vet också hur man gör magiska trollformler"
"but I do not want to speak them anymore"
"men jag vill inte prata med dem längre"
"I have read the scriptures"
"Jag har läst skrifterna"
"Stop!" Kamala interrupted him
"Stopp!" Kamala avbröt honom
"You're able to read and write?"
"Kan du läsa och skriva?"
"Certainly, I can do this, many people can"
"Visst, jag kan göra det här, många människor kan"
"Most people can't," Kamala replied
"De flesta kan inte", svarade Kamala
"I am also one of those who can't do it"
"Jag är också en av dem som inte kan göra det"
"It is very good that you're able to read and write"
"Det är väldigt bra att du kan läsa och skriva"
"you will also find use for the magic spells"
"du kommer också att finna användning för magiska trollformler"
In this moment, a maid came running in
I detta ögonblick kom en piga inspringande
she whispered a message into her mistress's ear
viskade hon ett meddelande i sin älskarinnas öra
"There's a visitor for me" exclaimed Kamala
"Det finns en besökare för mig" utbrast Kamala
"Hurry and get yourself away, Siddhartha"
"Skynda dig och kom iväg, Siddhartha"
"nobody may see you in here, remember this!"
"ingen kanske ser dig här inne, kom ihåg detta!"

"Tomorrow, I'll see you again"
"Imorgon, vi ses igen"
Kamala ordered her maid to give Siddhartha white garments
Kamala beordrade sin hembiträde att ge Siddhartha vita plagg
and then Siddhartha found himself being dragged away by the maid
och sedan fann Siddhartha att han släpades bort av pigan
he was brought into a garden-house out of sight of any paths
han fördes in i ett trädgårdshus utom synhåll för några stigar
then he was led into the bushes of the garden
sedan fördes han in i trädgårdens buskar
he was urged to get himself out of the garden as soon as possible
han uppmanades att så snart som möjligt ta sig ut ur trädgården
and he was told he must not be seen
och han fick höra att han inte fick synas
he did as he had been told
han gjorde som han hade blivit tillsagd
he was accustomed to the forest
han var van vid skogen
so he managed to get out without making a sound
så han lyckades ta sig ut utan att göra ett ljud

he returned to the city carrying the rolled up garments under his arm
han återvände till staden med de upprullade kläderna under armen
At the inn, where travellers stay, he positioned himself by the door
På värdshuset, där resenärerna bor, placerade han sig vid dörren
without words he asked for food
utan ord bad han om mat
without a word he accepted a piece of rice-cake
utan ett ord tog han emot en bit riskaka

he thought about how he had always begged
han tänkte på hur han alltid hade bett
"Perhaps as soon as tomorrow I will ask no one for food anymore"
"Kanske så snart som imorgon kommer jag att be ingen om mat längre"
Suddenly, pride flared up in him
Plötsligt blossade stoltheten upp i honom
He was no Samana any more
Han var ingen Samana längre
it was no longer appropriate for him to beg for food
det var inte längre lämpligt för honom att tigga mat
he gave the rice-cake to a dog
han gav riskakan till en hund
and that night he remained without food
och den natten förblev han utan mat
Siddhartha thought to himself about the city
Siddhartha tänkte för sig själv om staden
"Simple is the life which people lead in this world"
"Enkelt är livet som människor lever i den här världen"
"this life presents no difficulties"
"det här livet ger inga svårigheter"
"Everything was difficult and toilsome when I was a Samana"
"Allt var svårt och mödosamt när jag var Samana"
"as a Samana everything was hopeless"
"som en Samana var allt hopplöst"
"but now everything is easy"
"men nu är allt lätt"
"it is easy like the lesson in kissing from Kamala"
"det är lätt som lektionen i att kyssa från Kamala"
"I need clothes and money, nothing else"
"Jag behöver kläder och pengar, inget annat"
"these goals are small and achievable"
"dessa mål är små och uppnåeliga"
"such goals won't make a person lose any sleep"

"sådana mål kommer inte att få en person att tappa sömn"

the next day he returned to Kamala's house
nästa dag återvände han till Kamalas hus
"Things are working out well" she called out to him
"Det går bra" ropade hon till honom
"They are expecting you at Kamaswami's"
"De väntar dig på Kamaswami's"
"he is the richest merchant of the city"
"han är den rikaste köpmannen i staden"
"If he likes you, he'll accept you into his service"
"Om han gillar dig, kommer han att acceptera dig i sin tjänst"
"but you must be smart, brown Samana"
"men du måste vara smart, bruna Samana"
"I had others tell him about you"
"Jag fick andra att berätta för honom om dig"
"Be polite towards him, he is very powerful"
"Var artig mot honom, han är väldigt kraftfull"
"But I warn you, don't be too modest!"
"Men jag varnar dig, var inte för blygsam!"
"I do not want you to become his servant"
"Jag vill inte att du ska bli hans tjänare"
"you shall become his equal"
"du ska bli hans jämlika"
"or else I won't be satisfied with you"
"annars blir jag inte nöjd med dig"
"Kamaswami is starting to get old and lazy"
"Kamaswami börjar bli gammal och lat"
"If he likes you, he'll entrust you with a lot"
"Om han gillar dig kommer han att anförtro dig mycket"
Siddhartha thanked her and laughed
Siddhartha tackade henne och skrattade
she found out that he had not eaten
hon fick reda på att han inte hade ätit
so she sent him bread and fruits
så hon sände honom bröd och frukt

"You've been lucky" she said when they parted
"Du har haft tur" sa hon när de skildes åt
"I'm opening one door after another for you"
"Jag öppnar den ena dörren efter den andra för dig"
"How come? Do you have a spell?"
"Hur kommer det sig? Har du en besvärjelse?"
"I told you I knew how to think, to wait, and to fast"
"Jag sa att jag visste hur jag skulle tänka, vänta och fasta"
"but you thought this was of no use"
"men du trodde att det här inte var till någon nytta"
"But it is useful for many things"
"Men det är användbart till många saker"
"Kamala, you'll see that the stupid Samanas are good at learning"
"Kamala, du kommer att se att de dumma Samanas är bra på att lära sig"
"you'll see they are able to do many pretty things in the forest"
"du kommer att se att de kan göra många vackra saker i skogen"
"things which the likes of you aren't capable of"
"saker som sådana som du inte är kapabla till"
"The day before yesterday, I was still a shaggy beggar"
"I förrgår var jag fortfarande en lurvig tiggare"
"as recently as yesterday I have kissed Kamala"
"så sent som igår har jag kysst Kamala"
"and soon I'll be a merchant and have money"
"och snart är jag köpman och har pengar"
"and I'll have all those things you insist upon"
"och jag ska ha alla de saker du insisterar på"
"Well yes," she admitted, "but where would you be without me?"
"Jaha", erkände hon, "men var skulle du vara utan mig?"
"What would you be, if Kamala wasn't helping you?"
"Vad skulle du vara om Kamala inte hjälpte dig?"
"Dear Kamala" said Siddhartha

"Kära Kamala" sa Siddhartha
and he straightened up to his full height
och han rätade upp sig till sin fulla höjd
"when I came to you into your garden, I did the first step"
"när jag kom till dig i din trädgård, tog jag det första steget"
"It was my resolution to learn love from this most beautiful woman"
"Det var mitt beslut att lära mig kärlek från denna vackraste kvinna"
"that moment I had made this resolution"
"i det ögonblicket hade jag fattat denna resolution"
"and I knew I would carry it out"
"och jag visste att jag skulle genomföra det"
"I knew that you would help me"
"Jag visste att du skulle hjälpa mig"
"at your first glance at the entrance of the garden I already knew it"
"vid din första blick på ingången till trädgården visste jag det redan"
"But what if I hadn't been willing?" asked Kamala
"Men tänk om jag inte hade varit villig?" frågade Kamala
"You were willing" replied Siddhartha
"Du var villig" svarade Siddhartha
"When you throw a rock into water, it takes the fastest course to the bottom"
"När du kastar en sten i vattnet tar den den snabbaste vägen till botten"
"This is how it is when Siddhartha has a goal"
"Så här är det när Siddhartha har ett mål"
"Siddhartha does nothing; he waits, he thinks, he fasts"
"Siddhartha gör ingenting, han väntar, han tänker, han fastar"
"but he passes through the things of the world like a rock through water"
"men han går genom världens ting som en klippa genom vatten"
"he passed through the water without doing anything"

"han gick genom vattnet utan att göra något"
"he is drawn to the bottom of the water"
"han dras till botten av vattnet"
"he lets himself fall to the bottom of the water"
"han låter sig falla till botten av vattnet"
"His goal attracts him towards it"
"Hans mål lockar honom dit"
"he doesn't let anything enter his soul which might oppose the goal"
"han släpper inte in något i hans själ som kan motverka målet"
"This is what Siddhartha has learned among the Samanas"
"Detta är vad Siddhartha har lärt sig bland Samanas"
"This is what fools call magic"
"Det här är vad dårar kallar magi"
"they think it is done by daemons"
"de tror att det görs av demoner"
"but nothing is done by daemons"
"men ingenting görs av demoner"
"there are no daemons in this world"
"det finns inga demoner i den här världen"
"Everyone can perform magic, should they choose to"
"Alla kan utföra magi, om de skulle välja det"
"everyone can reach his goals if he is able to think"
"alla kan nå sina mål om han kan tänka"
"everyone can reach his goals if he is able to wait"
"alla kan nå sina mål om han kan vänta"
"everyone can reach his goals if he is able to fast"
"alla kan nå sina mål om han kan fasta"
Kamala listened to him; she loved his voice
Kamala lyssnade på honom; hon älskade hans röst
she loved the look from his eyes
hon älskade blicken från hans ögon
"Perhaps it is as you say, friend"
"Kanske är det som du säger, vän"
"But perhaps there is another explanation"
"Men det kanske finns en annan förklaring"

"Siddhartha is a handsome man"
"Siddhartha är en stilig man"
"his glance pleases the women"
"hans blick behagar kvinnorna"
"good fortune comes towards him because of this"
"lycka kommer till honom på grund av detta"
With one kiss, Siddhartha bid his farewell
Med en kyss tog Siddhartha farväl
"I wish that it should be this way, my teacher"
"Jag önskar att det skulle vara så här, min lärare"
"I wish that my glance shall please you"
"Jag önskar att min blick ska glädja dig"
"I wish that that you always bring me good fortune"
"Jag önskar att du alltid ger mig lycka"

With the Childlike People
Med det barnsliga folket

Siddhartha went to Kamaswami the merchant
Siddhartha gick till köpmannen Kamaswami
he was directed into a rich house
han leddes in i ett rikt hus
servants led him between precious carpets into a chamber
tjänare ledde honom mellan dyrbara mattor in i en kammare
in the chamber was where he awaited the master of the house
i kammaren var där han väntade på husbonden
Kamaswami entered swiftly into the room
Kamaswami kom snabbt in i rummet
he was a smoothly moving man
han var en man som rörde sig smidigt
he had very gray hair and very intelligent, cautious eyes
han hade mycket grått hår och mycket intelligenta, försiktiga ögon
and he had a greedy mouth
och han hade en girig mun
Politely, the host and the guest greeted one another
Artigt hälsade värden och gästen på varandra
"I have been told that you were a Brahman" the merchant began
"Jag har fått höra att du var en brahman" började köpmannen
"I have been told that you are a learned man"
"Jag har fått höra att du är en lärd man"
"and I have also been told something else"
"och jag har också fått höra något annat"
"you seek to be in the service of a merchant"
"du försöker stå i en köpmans tjänst"
"Might you have become destitute, Brahman, so that you seek to serve?"
"Kan du ha blivit utblottad, Brahman, så att du försöker tjäna?"

"No," said Siddhartha, "I have not become destitute"
"Nej," sa Siddhartha, "jag har inte blivit utblottad"
"nor have I ever been destitute" added Siddhartha
"Jag har inte heller någonsin varit utblottad" tillade Siddhartha
"You should know that I'm coming from the Samanas"
"Du borde veta att jag kommer från Samanas"
"I have lived with them for a long time"
"Jag har bott med dem länge"
"you are coming from the Samanas"
"du kommer från Samanas"
"how could you be anything but destitute?"
"hur kunde du vara annat än utblottad?"
"Aren't the Samanas entirely without possessions?"
"Är inte Samanerna helt utan ägodelar?"
"I am without possessions, if that is what you mean" said Siddhartha
"Jag är utan ägodelar, om det är vad du menar" sa Siddhartha
"But I am without possessions voluntarily"
"Men jag är utan ägodelar frivilligt"
"and therefore I am not destitute"
"och därför är jag inte utblottad"
"But what are you planning to live from, being without possessions?"
"Men vad planerar du att leva av, att vara utan ägodelar?"
"I haven't thought of this yet, sir"
"Jag har inte tänkt på det här än, sir"
"For more than three years, I have been without possessions"
"I mer än tre år har jag varit utan ägodelar"
"and I have never thought about of what I should live"
"och jag har aldrig tänkt på vad jag ska leva"
"So you've lived of the possessions of others"
"Så du har levt av andras ägodelar"
"Presumable, this is how it is?"
"Förmodligen är det så här det är?"
"Well, merchants also live of what other people own"
"Tja, köpmän lever också av vad andra människor äger"

"Well said," granted the merchant
"Väl sagt", beviljade köpmannen
"But he wouldn't take anything from another person for nothing"
"Men han skulle inte ta något från en annan person för ingenting"
"he would give his merchandise in return" said Kamaswami
"han skulle ge sina varor i gengäld", sa Kamaswami
"So it seems to be indeed"
"Så verkar det verkligen vara"
"Everyone takes, everyone gives, such is life"
"Alla tar, alla ger, så är livet"
"But if you don't mind me asking, I have a question"
"Men om du inte har något emot att jag frågar så har jag en fråga"
"being without possessions, what would you like to give?"
"att vara utan ägodelar, vad skulle du vilja ge?"
"Everyone gives what he has"
"Alla ger vad han har"
"The warrior gives strength"
"Krigaren ger styrka"
"the merchant gives merchandise"
"handlaren ger varor"
"the teacher gives teachings"
"läraren ger lärdomar"
"the farmer gives rice"
"bonden ger ris"
"the fisher gives fish"
"fiskaren ger fisk"
"Yes indeed. And what is it that you've got to give?"
"Ja verkligen. Och vad är det du har att ge?"
"What is it that you've learned?"
"Vad är det du har lärt dig?"
"what you're able to do?"
"vad kan du göra?"
"I can think. I can wait. I can fast"

"Jag kan tänka. Jag kan vänta. Jag kan fasta"
"That's everything?" asked Kamaswami
"Det är allt?" frågade Kamaswami
"I believe that is everything there is!"
"Jag tror att det är allt som finns!"
"And what's the use of that?"
"Och vad tjänar det till?"
"For example; fasting. What is it good for?"
"Till exempel; fasta. Vad är det bra för?"
"It is very good, sir"
"Det är mycket bra, sir"
"there are times a person has nothing to eat"
"det finns tillfällen att en person inte har något att äta"
"then fasting is the smartest thing he can do"
"då är fasta det smartaste han kan göra"
"there was a time where Siddhartha hadn't learned to fast"
"det fanns en tid då Siddhartha inte hade lärt sig att fasta"
"in this time he had to accept any kind of service"
"i den här tiden var han tvungen att acceptera alla slags tjänster"
"because hunger would force him to accept the service"
"eftersom hunger skulle tvinga honom att acceptera tjänsten"
"But like this, Siddhartha can wait calmly"
"Men så här kan Siddhartha vänta lugnt"
"he knows no impatience, he knows no emergency"
"han känner ingen otålighet, han känner ingen nödsituation"
"for a long time he can allow hunger to besiege him"
"under lång tid kan han tillåta hungern att belägra honom"
"and he can laugh about the hunger"
"och han kan skratta åt hungern"
"This, sir, is what fasting is good for"
"Det här, sir, är vad fasta är bra för"
"You're right, Samana" acknowledged Kamaswami
"Du har rätt, Samana" erkände Kamaswami
"Wait for a moment" he asked of his guest
"Vänta ett ögonblick" frågade han sin gäst

Kamaswami left the room and returned with a scroll
Kamaswami lämnade rummet och återvände med en rulla
he handed Siddhartha the scroll and asked him to read it
han räckte Siddhartha rullen och bad honom läsa den
Siddhartha looked at the scroll handed to him
Siddhartha tittade på bokrullen som räcktes till honom
on the scroll a sales-contract had been written
på rullen hade ett försäljningskontrakt skrivits
he began to read out the scroll's contents
han började läsa upp rullens innehåll
Kamaswami was very pleased with Siddhartha
Kamaswami var mycket nöjd med Siddhartha
"would you write something for me on this piece of paper?"
"skulle du skriva något åt mig på detta papper?"
He handed him a piece of paper and a pen
Han räckte honom ett papper och en penna
Siddhartha wrote, and returned the paper
Siddhartha skrev och lämnade tillbaka tidningen
Kamaswami read, "Writing is good, thinking is better"
Kamaswami läste, "Att skriva är bra, att tänka är bättre"
"Being smart is good, being patient is better"
"Att vara smart är bra, att ha tålamod är bättre"
"It is excellent how you're able to write" the merchant praised him
"Det är utmärkt hur du kan skriva" berömde köpmannen honom
"Many a thing we will still have to discuss with one another"
"Många saker kommer vi fortfarande att behöva diskutera med varandra"
"For today, I'm asking you to be my guest"
"För idag ber jag dig att vara min gäst"
"please come to live in this house"
"snälla kom och bo i det här huset"
Siddhartha thanked Kamaswami and accepted his offer
Siddhartha tackade Kamaswami och accepterade hans erbjudande

he lived in the dealer's house from now on
han bodde i återförsäljarens hus från och med nu
Clothes were brought to him, and shoes
Kläder fördes till honom och skor
and every day, a servant prepared a bath for him
och varje dag beredde en tjänare ett bad åt honom

Twice a day, a plentiful meal was served
Två gånger om dagen bjöds det på en riklig måltid
but Siddhartha only ate once a day
men Siddhartha åt bara en gång om dagen
and he ate neither meat, nor did he drink wine
och han åt varken kött eller drack vin
Kamaswami told him about his trade
Kamaswami berättade för honom om sitt yrke
he showed him the merchandise and storage-rooms
han visade honom varorna och förråden
he showed him how the calculations were done
han visade honom hur beräkningarna gjordes
Siddhartha got to know many new things
Siddhartha lärde känna många nya saker
he heard a lot and spoke little
han hörde mycket och talade lite
but he did not forget Kamala's words
men han glömde inte Kamalas ord
so he was never subservient to the merchant
så han var aldrig undergiven köpmannen
he forced him to treat him as an equal
han tvingade honom att behandla honom som en jämlik
perhaps he forced him to treat him as even more than an equal
kanske tvingade han honom att behandla honom som ännu mer än en jämlik
Kamaswami conducted his business with care
Kamaswami skötte sin verksamhet med omsorg
and he was very passionate about his business

och han var mycket passionerad för sin verksamhet
but Siddhartha looked upon all of this as if it was a game
men Siddhartha såg på allt detta som om det var en lek
he tried hard to learn the rules of the game precisely
han försökte hårt att lära sig spelets regler exakt
but the contents of the game did not touch his heart
men innehållet i spelet berörde inte hans hjärta
He had not been in Kamaswami's house for long
Han hade inte varit i Kamaswamis hus på länge
but soon he took part in his landlord's business
men snart deltog han i sin godsägares affärer

every day he visited beautiful Kamala
varje dag besökte han vackra Kamala
Kamala had an hour appointed for their meetings
Kamala hade en timme avsatt för sina möten
she was wearing pretty clothes and fine shoes
hon hade fina kläder och fina skor på sig
and soon he brought her gifts as well
och snart kom han med gåvor till henne också
Much he learned from her red, smart mouth
Mycket han lärde sig av hennes röda, smarta mun
Much he learned from her tender, supple hand
Mycket han lärde sig av hennes ömma, smidiga hand
regarding love, Siddhartha was still a boy
angående kärlek var Siddhartha fortfarande en pojke
and he had a tendency to plunge into love blindly
och han hade en tendens att blint kasta sig in i kärleken
he fell into lust like into a bottomless pit
han föll i lust som i en bottenlös avgrund
she taught him thoroughly, starting with the basics
hon lärde honom grundligt och började med grunderna
pleasure cannot be taken without giving pleasure
njutning kan inte tas utan att ge njutning
every gesture, every caress, every touch, every look
varje gest, varje smekning, varje beröring, varje blick

every spot of the body, however small it was, had its secret
varje plats på kroppen, hur liten den än var, hade sin hemlighet
the secrets would bring happiness to those who know them
hemligheterna skulle ge lycka till dem som känner dem
lovers must not part from one another after celebrating love
älskare får inte skiljas från varandra efter att ha firat kärleken
they must not part without one admiring the other
de får inte skiljas utan att den ena beundrar den andra
they must be as defeated as they have been victorious
de måste vara lika besegrade som de har vunnit
neither lover should start feeling fed up or bored
ingen älskare ska börja känna sig trött eller uttråkad
they should not get the evil feeling of having been abusive
de ska inte få den onda känslan av att ha varit missbrukande
and they should not feel like they have been abused
och de ska inte känna att de har blivit misshandlade
Wonderful hours he spent with the beautiful and smart artist
Underbara timmar han tillbringade med den vackra och smarta konstnären
he became her student, her lover, her friend
han blev hennes student, hennes älskare, hennes vän
Here with Kamala was the worth and purpose of his present life
Här med Kamala var värdet och syftet med hans nuvarande liv
his purpose was not with the business of Kamaswami
hans syfte var inte med Kamaswamis verksamhet

Siddhartha received important letters and contracts
Siddhartha fick viktiga brev och kontrakt
Kamaswami began discussing all important affairs with him
Kamaswami började diskutera alla viktiga angelägenheter med honom
He soon saw that Siddhartha knew little about rice and wool

Han såg snart att Siddhartha visste lite om ris och ull
but he saw that he acted in a fortunate manner
men han såg att han handlade på ett lyckligt sätt
and Siddhartha surpassed him in calmness and equanimity
och Siddhartha överträffade honom i lugn och jämnmod
he surpassed him in the art of understanding previously unknown people
han överträffade honom i konsten att förstå tidigare okända människor
Kamaswami spoke about Siddhartha to a friend
Kamaswami talade om Siddhartha till en vän
"This Brahman is no proper merchant"
"Denna brahman är ingen riktig köpman"
"he will never be a merchant"
"han kommer aldrig att bli en köpman"
"for business there is never any passion in his soul"
"för affärer finns det aldrig någon passion i hans själ"
"But he has a mysterious quality about him"
"Men han har en mystisk egenskap över sig"
"this quality brings success about all by itself"
"denna egenskap ger framgång i sig själv"
"it could be from a good Star of his birth"
"det kan vara från en bra stjärna från hans födelse"
"or it could be something he has learned among Samanas"
"eller det kan vara något han har lärt sig bland Samanas"
"He always seems to be merely playing with our business-affairs"
"Han verkar alltid bara leka med våra affärsaffärer"
"his business never fully becomes a part of him"
"hans verksamhet blir aldrig helt en del av honom"
"his business never rules over him"
"hans verksamhet styr aldrig över honom"
"he is never afraid of failure"
"han är aldrig rädd för att misslyckas"
"he is never upset by a loss"
"han blir aldrig upprörd av en förlust"

The friend advised the merchant
Vännen rådde köpmannen
"Give him a third of the profits he makes for you"
"Ge honom en tredjedel av vinsten han gör för dig"
"but let him also be liable when there are losses"
"men låt honom också vara ansvarig när det finns förluster"
"Then, he'll become more zealous"
"Då blir han mer nitisk"
Kamaswami was curious, and followed the advice
Kamaswami var nyfiken och följde rådet
But Siddhartha cared little about loses or profits
Men Siddhartha brydde sig lite om förluster eller vinster
When he made a profit, he accepted it with equanimity
När han gjorde vinst accepterade han det med jämnmod
when he made losses, he laughed it off
när han gjorde förluster, skrattade han bort det
It seemed indeed, as if he did not care about the business
Det verkade verkligen som om han inte brydde sig om verksamheten
At one time, he travelled to a village
En gång reste han till en by
he went there to buy a large harvest of rice
han gick dit för att köpa en stor risskörd
But when he got there, the rice had already been sold
Men när han kom dit var riset redan sålt
another merchant had gotten to the village before him
en annan köpman hade kommit till byn före honom
Nevertheless, Siddhartha stayed for several days in that village
Ändå stannade Siddhartha i flera dagar i den byn
he treated the farmers for a drink
han bjöd bönderna på en drink
he gave copper-coins to their children
han gav kopparmynt till deras barn
he joined in the celebration of a wedding
han gick med i firandet av ett bröllop

and he returned extremely satisfied from his trip
och han återvände mycket nöjd från sin resa
Kamaswami was angry that Siddhartha had wasted time and money
Kamaswami var arg över att Siddhartha hade slösat bort tid och pengar
Siddhartha answered "Stop scolding, dear friend!"
Siddhartha svarade "Sluta skälla, kära vän!"
"Nothing was ever achieved by scolding"
"Ingenting har någonsin uppnåtts genom att skälla ut"
"If a loss has occurred, let me bear that loss"
"Om en förlust har inträffat, låt mig bära den förlusten"
"I am very satisfied with this trip"
"Jag är mycket nöjd med denna resa"
"I have gotten to know many kinds of people"
"Jag har lärt känna många sorters människor"
"a Brahman has become my friend"
"en brahman har blivit min vän"
"children have sat on my knees"
"barn har suttit på mina knän"
"farmers have shown me their fields"
"bönder har visat mig sina åkrar"
"nobody knew that I was a merchant"
"ingen visste att jag var en köpman"
"That's all very nice," exclaimed Kamaswami indignantly
"Det där är väldigt trevligt", utbrast Kamaswami upprört
"but in fact, you are a merchant after all"
"men i själva verket är du en köpman trots allt"
"Or did you have only travel for your amusement?"
"Eller hade du bara resor för din nöjes skull?"
"of course I have travelled for my amusement" Siddhartha laughed
"naturligtvis har jag rest för min nöjes skull" skrattade Siddhartha
"For what else would I have travelled?"
"För vad skulle jag annars ha rest?"

"I have gotten to know people and places"
"Jag har lärt känna människor och platser"
"I have received kindness and trust"
"Jag har fått vänlighet och förtroende"
"I have found friendships in this village"
"Jag har hittat vänskap i den här byn"
"if I had been Kamaswami, I would have travelled back annoyed"
"om jag hade varit Kamaswami, skulle jag ha rest tillbaka irriterad"
"I would have been in hurry as soon as my purchase failed"
"Jag skulle ha haft bråttom så fort mitt köp misslyckades"
"and time and money would indeed have been lost"
"och tid och pengar skulle verkligen ha gått förlorade"
"But like this, I've had a few good days"
"Men så här, jag har haft några bra dagar"
"I've learned from my time there"
"Jag har lärt mig av min tid där"
"and I have had joy from the experience"
"och jag har haft glädje av upplevelsen"
"I've neither harmed myself nor others by annoyance and hastiness"
"Jag har varken skadat mig själv eller andra genom irritation och brådska"
"if I ever return friendly people will welcome me"
"om jag någonsin kommer tillbaka kommer vänliga människor att välkomna mig"
"if I return to do business friendly people will welcome me too"
"om jag återvänder för att göra affärer kommer vänliga människor att välkomna mig också"
"I praise myself for not showing any hurry or displeasure"
"Jag berömmer mig själv för att inte visa någon brådska eller missnöje"
"So, leave it as it is, my friend"
"Så låt det vara som det är, min vän"

"and don't harm yourself by scolding"
"och skada dig inte genom att skälla ut"
"If you see Siddhartha harming himself, then speak with me"
"Om du ser Siddhartha skada sig själv, tala då med mig"
"and Siddhartha will go on his own path"
"och Siddhartha kommer att gå på sin egen väg"
"But until then, let's be satisfied with one another"
"Men tills dess, låt oss vara nöjda med varandra"
the merchant's attempts to convince Siddhartha were futile
köpmannens försök att övertyga Siddhartha var meningslösa
he could not make Siddhartha eat his bread
han kunde inte få Siddhartha att äta sitt bröd
Siddhartha ate his own bread
Siddhartha åt sitt eget bröd
or rather, they both ate other people's bread
eller rättare sagt, de åt båda andras bröd
Siddhartha never listened to Kamaswami's worries
Siddhartha lyssnade aldrig på Kamaswamis oro
and Kamaswami had many worries he wanted to share
och Kamaswami hade många bekymmer som han ville dela med sig av
there were business-deals going on in danger of failing
det pågick affärsavtal som riskerade att misslyckas
shipments of merchandise seemed to have been lost
transporter av varor verkade ha gått förlorade
debtors seemed to be unable to pay
gäldenärer verkade inte kunna betala
Kamaswami could never convince Siddhartha to utter words of worry
Kamaswami kunde aldrig övertyga Siddhartha att yttra oroande ord
Kamaswami could not make Siddhartha feel anger towards business
Kamaswami kunde inte få Siddhartha att känna ilska mot affärer

he could not get him to to have wrinkles on the forehead
han kunde inte få honom att få rynkor i pannan
he could not make Siddhartha sleep badly
han kunde inte få Siddhartha att sova dåligt

one day, Kamaswami tried to speak with Siddhartha
en dag försökte Kamaswami prata med Siddhartha
"Siddhartha, you have failed to learn anything new"
"Siddhartha, du har misslyckats med att lära dig något nytt"
but again, Siddhartha laughed at this
men igen, Siddhartha skrattade åt detta
"Would you please not kid me with such jokes"
"Vill du inte lura mig med sådana skämt"
"What I've learned from you is how much a basket of fish costs"
"Vad jag har lärt mig av dig är hur mycket en fiskkorg kostar"
"and I learned how much interest may be charged on loaned money"
"och jag lärde mig hur mycket ränta som kan tas ut på lånade pengar"
"These are your areas of expertise"
"Detta är dina expertområden"
"I haven't learned to think from you, my dear Kamaswami"
"Jag har inte lärt mig att tänka av dig, min kära Kamaswami"
"you ought to be the one seeking to learn from me"
"du borde vara den som vill lära av mig"
Indeed his soul was not with the trade
Sannerligen hans själ var inte med handeln
The business was good enough to provide him with money for Kamala
Verksamheten var tillräckligt bra för att förse honom med pengar till Kamala
and it earned him much more than he needed
och det gav honom mycket mer än han behövde
Besides Kamala, Siddhartha's curiosity was with the people
Förutom Kamala var Siddharthas nyfikenhet hos folket

their businesses, crafts, worries, and pleasures
deras affärer, hantverk, bekymmer och nöjen
all these things used to be alien to him
alla dessa saker brukade vara främmande för honom
their acts of foolishness used to be as distant as the moon
deras dårskap brukade vara lika avlägsna som månen
he easily succeeded in talking to all of them
han lyckades lätt prata med dem alla
he could live with all of them
han kunde leva med dem alla
and he could continue to learn from all of them
och han kunde fortsätta att lära av dem alla
but there was something which separated him from them
men det var något som skilde honom från dem
he could feel a divide between him and the people
han kunde känna en klyfta mellan honom och folket
this separating factor was him being a Samana
denna separerande faktor var att han var en Samana
He saw mankind going through life in a childlike manner
Han såg mänskligheten gå genom livet på ett barnsligt sätt
in many ways they were living the way animals live
på många sätt levde de som djuren lever
he loved and also despised their way of life
han älskade och föraktade också deras sätt att leva
He saw them toiling and suffering
Han såg dem slita och lida
they were becoming gray for things unworthy of this price
de höll på att bli gråa för saker ovärdiga detta pris
they did things for money and little pleasures
de gjorde saker för pengar och små nöjen
they did things for being slightly honoured
de gjorde saker för att bli lite hedrade
he saw them scolding and insulting each other
han såg dem skälla och förolämpa varandra
he saw them complaining about pain
han såg dem klaga på smärta

pains at which a Samana would only smile
smärtor som en Samana bara ler mot
and he saw them suffering from deprivations
och han såg dem lida av nöd
deprivations which a Samana would not feel
brister som en Samana inte skulle känna
He was open to everything these people brought his way
Han var öppen för allt de här människorna kom med
welcome was the merchant who offered him linen for sale
välkommen var köpmannen som erbjöd honom linne till försäljning
welcome was the debtor who sought another loan
välkommen var gäldenären som sökte ett annat lån
welcome was the beggar who told him the story of his poverty
välkommen var tiggaren som berättade historien om hans fattigdom
the beggar who was not half as poor as any Samana
tiggaren som inte var hälften så fattig som någon Samana
He did not treat the rich merchant and his servant different
Han behandlade inte den rike köpmannen och hans tjänare annorlunda
he let street-vendor cheat him when buying bananas
han lät gatuförsäljare lura honom när han köpte bananer
Kamaswami would often complain to him about his worries
Kamaswami klagade ofta till honom över sina bekymmer
or he would reproach him about his business
eller han skulle förebrå honom om hans affär
he listened curiously and happily
han lyssnade nyfiket och glatt
but he was puzzled by his friend
men han blev förbryllad av sin vän
he tried to understand him
han försökte förstå honom
and he admitted he was right, up to a certain point
och han erkände att han hade rätt, till en viss punkt

there were many who asked for Siddhartha
det var många som frågade efter Siddhartha
many wanted to do business with him
många ville göra affärer med honom
there were many who wanted to cheat him
det var många som ville lura honom
many wanted to draw some secret out of him
många ville dra fram någon hemlighet ur honom
many wanted to appeal to his sympathy
många ville vädja till hans sympati
many wanted to get his advice
många ville få hans råd
He gave advice to those who wanted it
Han gav råd till dem som ville ha det
he pitied those who needed pity
han tyckte synd om dem som behövde medlidande
he made gifts to those who liked presents
han gjorde presenter till dem som gillade presenter
he let some cheat him a bit
han lät några lura honom lite
this game which all people played occupied his thoughts
detta spel som alla människor spelade upptog hans tankar
he thought about this game just as much as he had about the Gods
han tänkte på det här spelet lika mycket som han tänkte på gudarna
deep in his chest he felt a dying voice
djupt i bröstet kände han en döende röst
this voice admonished him quietly
denna röst förmanade honom tyst
and he hardly perceived the voice inside of himself
och han uppfattade knappt rösten inom sig själv
And then, for an hour, he became aware of something
Och sedan, under en timme, blev han medveten om något
he became aware of the strange life he was leading
han blev medveten om det märkliga liv han levde

he realized this life was only a game
han insåg att det här livet bara var en lek
at times he would feel happiness and joy
ibland kände han lycka och glädje
but real life was still passing him by
men det verkliga livet gick fortfarande förbi honom
and it was passing by without touching him
och den gick förbi utan att röra honom
Siddhartha played with his business-deals
Siddhartha lekte med sina affärsavtal
Siddhartha found amusement in the people around him
Siddhartha fann nöjen i människorna omkring honom
but regarding his heart, he was not with them
men angående sitt hjärta var han inte med dem
The source ran somewhere, far away from him
Källan sprang någonstans, långt bort från honom
it ran and ran invisibly
den sprang och sprang osynligt
it had nothing to do with his life any more
det hade inget med hans liv att göra längre
at several times he became scared on account of such thoughts
vid flera tillfällen blev han rädd på grund av sådana tankar
he wished he could participate in all of these childlike games
han önskade att han kunde delta i alla dessa barnsliga lekar
he wanted to really live
han ville verkligen leva
he wanted to really act in their theatre
han ville verkligen agera på deras teater
he wanted to really enjoy their pleasures
han ville verkligen njuta av deras nöjen
and he wanted to live, instead of just standing by as a spectator
och han ville leva, istället för att bara stå bredvid som åskådare

But again and again, he came back to beautiful Kamala
Men om och om igen kom han tillbaka till vackra Kamala
he learned the art of love
han lärde sig kärlekens konst
and he practised the cult of lust
och han utövade lustkulten
lust, in which giving and taking becomes one
lust, där givande och tagande blir ett
he chatted with her and learned from her
han pratade med henne och lärde sig av henne
he gave her advice, and he received her advice
han gav henne råd, och han fick hennes råd
She understood him better than Govinda used to understand him
Hon förstod honom bättre än vad Govinda brukade förstå honom
she was more similar to him than Govinda had been
hon var mer lik honom än Govinda hade varit
"You are like me," he said to her
"Du är som jag," sa han till henne
"you are different from most people"
"du är annorlunda än de flesta"
"You are Kamala, nothing else"
"Du är Kamala, inget annat"
"and inside of you, there is a peace and refuge"
"och inuti dig finns en frid och tillflykt"
"a refuge to which you can go at every hour of the day"
"en fristad dit du kan gå varje timme på dygnet"
"you can be at home with yourself"
"du kan vara hemma med dig själv"
"I can do this too"
"Jag kan göra det här också"
"Few people have this place"
"Få människor har det här stället"
"and yet all of them could have it"

"och ändå kunde alla ha det"
"Not all people are smart" said Kamala
"Alla människor är inte smarta" sa Kamala
"No," said Siddhartha, "that's not the reason why"
"Nej", sa Siddhartha, "det är inte anledningen till det"
"Kamaswami is just as smart as I am"
"Kamaswami är precis lika smart som jag är"
"but he has no refuge in himself"
"men han har ingen tillflykt till sig själv"
"Others have it, although they have the minds of children"
"Andra har det, fastän de har barns sinnen"
"Most people, Kamala, are like a falling leaf"
"De flesta människor, Kamala, är som ett fallande löv"
"a leaf which is blown and is turning around through the air"
"ett löv som blåser och vänder sig genom luften"
"a leaf which wavers, and tumbles to the ground"
"ett löv som vacklar och faller till marken"
"But others, a few, are like stars"
"Men andra, några få, är som stjärnor"
"they go on a fixed course"
"de går på en fast kurs"
"no wind reaches them"
"ingen vind når dem"
"in themselves they have their law and their course"
"i sig har de sin lag och sin väg"
"Among all the learned men I have met, there was one of this kind"
"Bland alla lärda män jag har träffat fanns det en sådan här"
"he was a truly perfected one"
"han var verkligen fulländad"
"I'll never be able to forget him"
"Jag kommer aldrig att kunna glömma honom"
"It is that Gotama, the exalted one"
"Det är den där Gotama, den upphöjde"

"Thousands of followers are listening to his teachings every day"
"Tusentals anhängare lyssnar på hans läror varje dag"
"they follow his instructions every hour"
"de följer hans instruktioner varje timme"
"but they are all falling leaves"
"men de är alla fallande löv"
"not in themselves they have teachings and a law"
"inte i sig har de läror och en lag"
Kamala looked at him with a smile
Kamala tittade på honom med ett leende
"Again, you're talking about him," she said
"Återigen, du pratar om honom," sa hon
"again, you're having a Samana's thoughts"
"igen, du har en Samanas tankar"
Siddhartha said nothing, and they played the game of love
Siddhartha sa ingenting, och de spelade kärleksspelet
one of the thirty or forty different games Kamala knew
ett av de trettio eller fyrtio olika spelen som Kamala kände till
Her body was flexible like that of a jaguar
Hennes kropp var flexibel som en jaguar
flexible like the bow of a hunter
flexibel som bågen på en jägare
he who had learned from her how to make love
han som hade lärt sig av henne hur man älskar
he was knowledgeable of many forms of lust
han var kunnig om många former av lust
he that learned from her knew many secrets
han som lärde sig av henne visste många hemligheter
For a long time, she played with Siddhartha
Under en lång tid lekte hon med Siddhartha
she enticed him and rejected him
hon lockade honom och avvisade honom
she forced him and embraced him
hon tvingade honom och omfamnade honom
she enjoyed his masterful skills

hon njöt av hans mästerliga färdigheter
until he was defeated and rested exhausted by her side
tills han besegrades och vilade utmattad vid hennes sida
The courtesan bent over him
Kurtisanen böjde sig över honom
she took a long look at his face
hon tittade länge på hans ansikte
she looked at his eyes, which had grown tired
hon såg på hans ögon som hade tröttnat
"You are the best lover I have ever seen" she said thoughtfully
"Du är den bästa älskare jag någonsin sett" sa hon eftertänksamt
"You're stronger than others, more supple, more willing"
"Du är starkare än andra, smidigare, mer villig"
"You've learned my art well, Siddhartha"
"Du har lärt dig min konst väl, Siddhartha"
"At some time, when I'll be older, I'd want to bear your child"
"Någon gång, när jag blir äldre, skulle jag vilja föda ditt barn"
"And yet, my dear, you've remained a Samana"
"Och ändå, min kära, du har förblivit en Samana"
"and despite this, you do not love me"
"och trots detta älskar du mig inte"
"there is nobody that you love"
"det finns ingen du älskar"
"Isn't it so?" asked Kamala
"Är det inte så?" frågade Kamala
"It might very well be so," Siddhartha said tiredly
"Det kan mycket väl vara så," sa Siddhartha trött
"I am like you, because you also do not love"
"Jag är som du, för du älskar inte heller"
"how else could you practise love as a craft?"
"hur skulle du annars kunna utöva kärlek som ett hantverk?"
"Perhaps, people of our kind can't love"
"Kanske, människor av vårt slag kan inte älska"

"The childlike people can love, that's their secret"
"De barnsliga människorna kan älska, det är deras hemlighet"

Sansara

For a long time, Siddhartha had lived in the world and lust
Under en lång tid hade Siddhartha levt i världen och lusten
he lived this way though, without being a part of it
han levde dock på det här sättet, utan att vara en del av det
he had killed this off when he had been a Samana
han hade dödat detta när han hade varit en Samana
but now they had awoken again
men nu hade de vaknat igen
he had tasted riches, lust, and power
han hade smakat rikedomar, lust och makt
for a long time he had remained a Samana in his heart
under lång tid hade han förblivit en Samana i sitt hjärta
Kamala, being smart, had realized this quite right
Kamala, som var smart, hade insett detta helt rätt
thinking, waiting, and fasting still guided his life
tänkande, väntan och fasta styrde fortfarande hans liv
the childlike people remained alien to him
de barnsliga människorna förblev honom främmande
and he remained alien to the childlike people
och han förblev främmande för de barnsliga människorna
Years passed by; surrounded by the good life
Åren gick; omgiven av det goda livet
Siddhartha hardly felt the years fading away
Siddhartha kände knappt att åren försvann
He had become rich and possessed a house of his own
Han hade blivit rik och ägde ett eget hus
he even had his own servants
han hade till och med sina egna tjänare
he had a garden before the city, by the river

han hade en trädgård framför staden, vid floden
The people liked him and came to him for money or advice
Folket tyckte om honom och kom till honom för att få pengar eller råd
but there was nobody close to him, except Kamala
men det fanns ingen nära honom, förutom Kamala
the bright state of being awake
det ljusa tillståndet att vara vaken
the feeling which he had experienced at the height of his youth
känslan som han hade upplevt på höjden av sin ungdom
in those days after Gotama's sermon
på den tiden efter Gotamas predikan
after the separation from Govinda
efter separationen från Govinda
the tense expectation of life
den spända förväntan på livet
the proud state of standing alone
det stolta tillståndet att stå ensam
being without teachings or teachers
vara utan läror eller lärare
the supple willingness to listen to the divine voice in his own heart
den smidiga viljan att lyssna till den gudomliga rösten i sitt eget hjärta
all these things had slowly become a memory
alla dessa saker hade sakta blivit ett minne
the memory had been fleeting, distant, and quiet
minnet hade varit flyktigt, avlägset och tyst
the holy source, which used to be near, now only murmured
den heliga källan, som förr var nära, kurrade nu bara
the holy source, which used to murmur within himself
den heliga källan, som brukade knorra inom sig själv
Nevertheless, many things he had learned from the Samanas
Icke desto mindre hade han lärt sig mycket av Samanas
he had learned from Gotama

han hade lärt sig av Gotama
he had learned from his father the Brahman
han hade lärt sig av sin far Brahmanen
his father had remained within his being for a long time
hans far hade varit kvar i hans väsen under lång tid
moderate living, the joy of thinking, hours of meditation
måttligt liv, glädje att tänka, timmar av meditation
the secret knowledge of the self; his eternal entity
jagets hemliga kunskap; hans eviga väsen
the self which is neither body nor consciousness
jaget som varken är kropp eller medvetande
Many a part of this he still had
Många delar av detta hade han fortfarande
but one part after another had been submerged
men den ena delen efter den andra hade varit nedsänkt
and eventually each part gathered dust
och så småningom samlade varje del damm
a potter's wheel, once in motion, will turn for a long time
ett krukmakarhjul kommer, när det väl är i rörelse, att snurra länge
it loses its vigour only slowly
den tappar sin kraft bara långsamt
and it comes to a stop only after time
och det tar stopp först efter en tid
Siddhartha's soul had kept on turning the wheel of asceticism
Siddharthas själ hade fortsatt att vrida på askesens hjul
the wheel of thinking had kept turning for a long time
tankehjulet hade fortsatt att snurra länge
the wheel of differentiation had still turned for a long time
differentieringshjulet hade fortfarande snurrat länge
but it turned slowly and hesitantly
men det vände långsamt och tveksamt
and it was close to coming to a standstill
och det var nära att stanna
Slowly, like humidity entering the dying stem of a tree

Långsamt, som att fukt kommer in i den döende stammen på ett träd
filling the stem slowly and making it rot
fylla stammen långsamt och få den att ruttna
the world and sloth had entered Siddhartha's soul
världen och sengången hade kommit in i Siddharthas själ
slowly it filled his soul and made it heavy
långsamt fyllde det hans själ och gjorde det tungt
it made his soul tired and put it to sleep
det gjorde hans själ trött och sövde den
On the other hand, his senses had become alive
Å andra sidan hade hans sinnen blivit levande
there was much his senses had learned
det var mycket hans sinnen hade lärt sig
there was much his senses had experienced
det var mycket hans sinnen hade upplevt
Siddhartha had learned to trade
Siddhartha hade lärt sig att handla
he had learned how to use his power over people
han hade lärt sig att använda sin makt över människor
he had learned how to enjoy himself with a woman
han hade lärt sig att trivas med en kvinna
he had learned how to wear beautiful clothes
han hade lärt sig att bära vackra kläder
he had learned how to give orders to servants
han hade lärt sig att ge order till tjänare
he had learned how to bathe in perfumed waters
han hade lärt sig att bada i parfymerat vatten
He had learned how to eat tenderly and carefully prepared food
Han hade lärt sig att äta ömt och noggrant tillagad mat
he even ate fish, meat, and poultry
han åt till och med fisk, kött och fågel
spices and sweets and wine, which causes sloth and forgetfulness
kryddor och godis och vin, vilket orsakar lättja och glömska

He had learned to play with dice and on a chess-board
Han hade lärt sig att spela med tärningar och på ett schackbräde
he had learned to watch dancing girls
han hade lärt sig att titta på dansande tjejer
he learned to have himself carried about in a sedan-chair
han lärde sig att bära sig i en sedanstol
he learned to sleep on a soft bed
han lärde sig att sova på en mjuk säng
But still he felt different from others
Men han kände sig ändå annorlunda än andra
he still felt superior to the others
han kände sig fortfarande överlägsen de andra
he always watched them with some mockery
han tittade alltid på dem med lite hån
there was always some mocking disdain to how he felt about them
det fanns alltid något hånfullt förakt för hur han kände för dem
the same disdain a Samana feels for the people of the world
samma förakt som en Samana känner för världens människor

Kamaswami was ailing and felt annoyed
Kamaswami var sjuk och kände sig irriterad
he felt insulted by Siddhartha
han kände sig förolämpad av Siddhartha
and he was vexed by his worries as a merchant
och han var upprörd över sina bekymmer som köpman
Siddhartha had always watched these things with mockery
Siddhartha hade alltid sett på dessa saker med hån
but his mockery had become more tired
men hans hån hade blivit tröttare
his superiority had become more quiet
hans överlägsenhet hade blivit tystare
as slowly imperceptible as the rainy season passing by
lika långsamt omärklig som regnperioden passerar

slowly, Siddhartha had assumed something of the childlike people's ways
långsamt hade Siddhartha antagit något av de barnsliga människornas sätt
he had gained some of their childishness
han hade fått en del av deras barnslighet
and he had gained some of their fearfulness
och han hade vunnit en del av deras fruktan
And yet, the more be become like them the more he envied them
Och ändå, ju mer man blev lik dem, desto mer avundades han dem
He envied them for the one thing that was missing from him
Han avundades dem för det enda som saknades hos honom
the importance they were able to attach to their lives
den vikt de kunde tillmäta sina liv
the amount of passion in their joys and fears
mängden passion i deras glädje och rädsla
the fearful but sweet happiness of being constantly in love
den fruktansvärda men ljuva lyckan av att vara ständigt kär
These people were in love with themselves all of the time
Dessa människor var kära i sig själva hela tiden
women loved their children, with honours or money
kvinnor älskade sina barn, med heder eller pengar
the men loved themselves with plans or hopes
männen älskade sig själva med planer eller förhoppningar
But he did not learn this from them
Men han lärde sig inte detta av dem
he did not learn the joy of children
han lärde sig inte barns glädje
and he did not learn their foolishness
och han lärde sig inte deras dårskap
what he mostly learned were their unpleasant things
vad han mest lärde sig var deras obehagliga saker
and he despised these things
och han föraktade dessa ting

in the morning, after having had company
på morgonen, efter att ha haft sällskap
more and more he stayed in bed for a long time
mer och mer låg han länge i sängen
he felt unable to think, and was tired
han kände sig oförmögen att tänka och var trött
he became angry and impatient when Kamaswami bored him with his worries
han blev arg och otålig när Kamaswami uttråkade honom med sina bekymmer
he laughed just too loud when he lost a game of dice
han skrattade alldeles för högt när han förlorade ett tärningsspel
His face was still smarter and more spiritual than others
Hans ansikte var fortfarande smartare och mer andligt än andras
but his face rarely laughed anymore
men hans ansikte skrattade sällan längre
slowly, his face assumed other features
långsamt antog hans ansikte andra drag
the features often found in the faces of rich people
egenskaperna som ofta finns i rika människors ansikten
features of discontent, of sickliness, of ill-humour
drag av missnöje, sjuklighet, dålig humor
features of sloth, and of a lack of love
drag av sengångare och brist på kärlek
the disease of the soul which rich people have
själens sjukdom som rika människor har
Slowly, this disease grabbed hold of him
Långsamt tog denna sjukdom tag i honom
like a thin mist, tiredness came over Siddhartha
som en tunn dimma kom tröttheten över Siddhartha
slowly, this mist got a bit denser every day
långsamt blev denna dimma lite tätare för varje dag
it got a bit murkier every month
det blev lite grumligare för varje månad

and every year it got a bit heavier
och för varje år blev det lite tyngre
dresses become old with time
klänningar blir gamla med tiden
clothes lose their beautiful colour over time
kläder tappar sin vackra färg med tiden
they get stains, wrinkles, worn off at the seams
de får fläckar, rynkor, slitna vid sömmarna
they start to show threadbare spots here and there
de börjar visa slitna fläckar här och där
this is how Siddhartha's new life was
så här var Siddharthas nya liv
the life which he had started after his separation from Govinda
livet som han hade börjat efter sin separation från Govinda
his life had grown old and lost colour
hans liv hade blivit gammalt och tappat färg
there was less splendour to it as the years passed by
det var mindre prakt över det allt eftersom åren gick
his life was gathering wrinkles and stains
hans liv samlade på rynkor och fläckar
and hidden at bottom, disappointment and disgust were waiting
och gömt i botten väntade besvikelse och avsky
they were showing their ugliness
de visade sin fulhet
Siddhartha did not notice these things
Siddhartha märkte inte dessa saker
he remembered the bright and reliable voice inside of him
han mindes den ljusa och pålitliga rösten inom honom
he noticed the voice had become silent
han märkte att rösten hade blivit tyst
the voice which had awoken in him at that time
rösten som hade vaknat i honom vid den tiden
the voice that had guided him in his best times
rösten som hade väglett honom i hans bästa tid

he had been captured by the world
han hade blivit tillfångatagen av världen
he had been captured by lust, covetousness, sloth
han hade blivit fångad av lust, girighet, lättja
and finally he had been captured by his most despised vice
och slutligen hade han blivit tillfångatagen av sin mest föraktade last
the vice which he mocked the most
den last som han hånade mest
the most foolish one of all vices
den dummaste av alla laster
he had let greed into his heart
han hade släppt in girighet i sitt hjärta
Property, possessions, and riches also had finally captured him
Egendom, ägodelar och rikedomar hade också äntligen fångat honom
having things was no longer a game to him
att ha saker var inte längre en lek för honom
his possessions had become a shackle and a burden
hans ägodelar hade blivit en boja och en börda
It had happened in a strange and devious way
Det hade hänt på ett konstigt och slug sätt
Siddhartha had gotten this vice from the game of dice
Siddhartha hade fått den här lasten från tärningsspelet
he had stopped being a Samana in his heart
han hade slutat vara en Samana i sitt hjärta
and then he began to play the game for money
och sedan började han spela spelet för pengar
first he joined the game with a smile
först gick han med i spelet med ett leende
at this time he only played casually
vid den här tiden spelade han bara nonchalant
he wanted to join the customs of the childlike people
han ville ansluta sig till det barnsliga folkets seder
but now he played with an increasing rage and passion

men nu spelade han med ökande ilska och passion
He was a feared gambler among the other merchants
Han var en fruktad spelare bland de andra köpmännen
his stakes were so audacious that few dared to take him on
hans insatser var så djärva att få vågade ta sig an honom
He played the game due to a pain of his heart
Han spelade spelet på grund av en smärta i hans hjärta
losing and wasting his wretched money brought him an angry joy
att förlora och slösa bort sina eländiga pengar gav honom en arg glädje
he could demonstrate his disdain for wealth in no other way
han kunde inte visa sitt förakt för rikedom på något annat sätt
he could not mock the merchants' false god in a better way
han kunde inte håna köpmännens falska gud på ett bättre sätt
so he gambled with high stakes
så han spelade med höga insatser
he mercilessly hated himself and mocked himself
han hatade sig själv skoningslöst och hånade sig själv
he won thousands, threw away thousands
han vann tusentals, kastade bort tusentals
he lost money, jewellery, a house in the country
han förlorade pengar, smycken, ett hus på landet
he won it again, and then he lost again
han vann den igen, och sedan förlorade han igen
he loved the fear he felt while he was rolling the dice
han älskade rädslan han kände när han kastade tärningen
he loved feeling worried about losing what he gambled
han älskade att känna sig orolig över att förlora vad han spelade
he always wanted to get this fear to a slightly higher level
han ville alltid få denna rädsla till en något högre nivå
he only felt something like happiness when he felt this fear
han kände bara något som liknade lycka när han kände denna rädsla
it was something like an intoxication

det var något som liknade ett rus
something like an elevated form of life
något som liknar en upphöjd livsform
something brighter in the midst of his dull life
något ljusare mitt i hans trista liv
And after each big loss, his mind was set on new riches
Och efter varje stor förlust var hans sinne inställd på nya rikedomar
he pursued the trade more zealously
han drev handeln mera nitiskt
he forced his debtors more strictly to pay
han tvingade sina gäldenärer strängare att betala
because he wanted to continue gambling
eftersom han ville fortsätta spela
he wanted to continue squandering
han ville fortsätta slösa bort
he wanted to continue demonstrating his disdain of wealth
han ville fortsätta visa sitt förakt för rikedom
Siddhartha lost his calmness when losses occurred
Siddhartha förlorade sitt lugn när förluster inträffade
he lost his patience when he was not paid on time
han tappade tålamodet när han inte fick betalt i tid
he lost his kindness towards beggars
han förlorade sin vänlighet mot tiggare
He gambled away tens of thousands at one roll of the dice
Han spelade bort tiotusentals vid ett tärningskast
he became more strict and more petty in his business
han blev strängare och småaktigare i sin verksamhet
occasionally, he was dreaming at night about money!
ibland drömde han på natten om pengar!
whenever he woke up from this ugly spell, he continued fleeing
närhelst han vaknade av denna fula besvärjelse fortsatte han att fly
whenever he found his face in the mirror to have aged, he found a new game

när han hittade sitt ansikte i spegeln för att ha åldrats, hittade han ett nytt spel
whenever embarrassment and disgust came over him, he numbed his mind
närhelst pinsamhet och avsky kom över honom, bedövade han sitt sinne
he numbed his mind with sex and wine
han bedövade sitt sinne med sex och vin
and from there he fled back into the urge to pile up and obtain possessions
och därifrån flydde han tillbaka i lusten att stapla upp och skaffa ägodelar
In this pointless cycle he ran
I denna meningslösa cykel sprang han
from his life he grow tired, old, and ill
från sitt liv blir han trött, gammal och sjuk

Then the time came when a dream warned him
Så kom tiden då en dröm varnade honom
He had spent the hours of the evening with Kamala
Han hade tillbringat kvällens timmar med Kamala
he had been in her beautiful pleasure-garden
han hade varit i hennes vackra nöjesträdgård
They had been sitting under the trees, talking
De hade suttit under träden och pratat
and Kamala had said thoughtful words
och Kamala hade sagt eftertänksamma ord
words behind which a sadness and tiredness lay hidden
ord bakom vilka en sorg och trötthet låg gömd
She had asked him to tell her about Gotama
Hon hade bett honom berätta om Gotama
she could not hear enough of him
hon kunde inte höra nog av honom
she loved how clear his eyes were
hon älskade hur klara hans ögon var
she loved how still and beautiful his mouth was

hon älskade hur stilla och vacker hans mun var
she loved the kindness of his smile
hon älskade vänligheten i hans leende
she loved how peaceful his walk had been
hon älskade hur fridfull hans promenad hade varit
For a long time, he had to tell her about the exalted Buddha
Under lång tid var han tvungen att berätta för henne om den upphöjda Buddha
and Kamala had sighed, and spoke
och Kamala hade suckat och talat
"One day, perhaps soon, I'll also follow that Buddha"
"En dag, kanske snart, kommer jag också att följa den Buddha"
"I'll give him my pleasure-garden for a gift"
"Jag ska ge honom min nöjesträdgård i present"
"and I will take my refuge in his teachings"
"och jag ska ta min tillflykt till hans läror"
But after this, she had aroused him
Men efter detta hade hon väckt honom
she had tied him to her in the act of making love
hon hade bundit honom till sig i akten att älska
with painful fervour, biting and in tears
med smärtsam glöd, bitande och i tårar
it was as if she wanted to squeeze the last sweet drop out of this wine
det var som om hon ville pressa den sista söta droppen ur detta vin
Never before had it become so strangely clear to Siddhartha
Aldrig tidigare hade det blivit så konstigt tydligt för Siddhartha
he felt how close lust was akin to death
han kände hur nära lust var döden
he laid by her side, and Kamala's face was close to him
han lade sig vid hennes sida, och Kamalas ansikte var nära honom
under her eyes and next to the corners of her mouth
under ögonen och bredvid mungitorna

it was as clear as never before
det var så tydligt som aldrig förr
there read a fearful inscription
där läste en fruktansvärd inskription
an inscription of small lines and slight grooves
en inskription av små linjer och små räfflor
an inscription reminiscent of autumn and old age
en inskription som påminner om höst och ålderdom
here and there, gray hairs among his black ones
här och där, gråa hår bland hans svarta
Siddhartha himself, who was only in his forties, noticed the same thing
Siddhartha själv, som bara var i fyrtioårsåldern, märkte samma sak
Tiredness was written on Kamala's beautiful face
Trötthet stod skrivet på Kamalas vackra ansikte
tiredness from walking a long path
trötthet av att gå en lång väg
a path which has no happy destination
en väg som inte har något lyckligt mål
tiredness and the beginning of withering
trötthet och början av vissnande
fear of old age, autumn, and having to die
rädsla för ålderdom, höst och att behöva dö
With a sigh, he had bid his farewell to her
Med en suck hade han tagit farväl av henne
the soul full of reluctance, and full of concealed anxiety
själen full av motvilja och full av dold oro

Siddhartha had spent the night in his house with dancing girls
Siddhartha hade tillbringat natten i sitt hus med dansande flickor
he acted as if he was superior to them
han agerade som om han var dem överlägsen
he acted superior towards the fellow-members of his caste

han agerade överlägsen gentemot sina kastkollegor
but this was no longer true
men detta var inte längre sant
he had drunk much wine that night
han hade druckit mycket vin den natten
and he went to bed a long time after midnight
och han gick och la sig långt efter midnatt
tired and yet excited, close to weeping and despair
trött och ändå upprymd, nära att gråta och förtvivla
for a long time he sought to sleep, but it was in vain
länge sökte han sova, men det var förgäves
his heart was full of misery
hans hjärta var fullt av elände
he thought he could not bear any longer
han trodde att han inte orkade mer
he was full of a disgust, which he felt penetrating his entire body
han var full av en avsky, som han kände tränga igenom hela hans kropp
like the lukewarm repulsive taste of the wine
som vinets ljumma motbjudande smak
the dull music was a little too happy
den tråkiga musiken var lite för glad
the smile of the dancing girls was a little too soft
de dansande tjejernas leende var lite för mjukt
the scent of their hair and breasts was a little too sweet
doften av deras hår och bröst var lite för söt
But more than by anything else, he was disgusted by himself
Men mer än av något annat var han äcklad av sig själv
he was disgusted by his perfumed hair
han var äcklad av sitt parfymerade hår
he was disgusted by the smell of wine from his mouth
han äcklades av lukten av vin från munnen
he was disgusted by the listlessness of his skin
han äcklades av sin huds håglöshet

Like when someone who has eaten and drunk far too much
Som när någon som har ätit och druckit alldeles för mycket
they vomit it back up again with agonising pain
de kräks upp igen med plågsam smärta
but they feel relieved by the vomiting
men de känner sig lättade av kräkningarna
this sleepless man wished to free himself of these pleasures
denna sömnlösa man ville befria sig från dessa nöjen
he wanted to be rid of these habits
han ville bli av med dessa vanor
he wanted to escape all of this pointless life
han ville fly allt detta meningslösa liv
and he wanted to escape from himself
och han ville fly från sig själv
it wasn't until the light of the morning when he had slightly fallen sleep
det var inte förrän på morgonen när han hade somnat något
the first activities in the street were already beginning
de första aktiviteterna på gatan hade redan börjat
for a few moments he had found a hint of sleep
under några ögonblick hade han funnit en antydan till sömn
In those moments, he had a dream
I dessa ögonblick hade han en dröm
Kamala owned a small, rare singing bird in a golden cage
Kamala ägde en liten, sällsynt sjungande fågel i en gyllene bur
it always sung to him in the morning
det sjöng alltid för honom på morgonen
but then he dreamt this bird had become mute
men så drömde han att denna fågel hade blivit stum
since this arose his attention, he stepped in front of the cage
eftersom detta väckte hans uppmärksamhet, steg han framför buren
he looked at the bird inside the cage
han tittade på fågeln inne i buren
the small bird was dead, and lay stiff on the ground
den lilla fågeln var död och låg stel på marken

He took the dead bird out of its cage
Han tog ut den döda fågeln ur buren
he took a moment to weigh the dead bird in his hand
han tog en stund att väga den döda fågeln i handen
and then threw it away, out in the street
och sedan kastade den, ut på gatan
in the same moment he felt terribly shocked
i samma ögonblick kände han sig fruktansvärt chockad
his heart hurt as if he had thrown away all value
hans hjärta gjorde ont som om han hade kastat bort allt värde
everything good had been inside of this dead bird
allt gott hade varit inuti denna döda fågel
Starting up from this dream, he felt encompassed by a deep sadness
Med utgångspunkt från denna dröm kände han sig omgiven av en djup sorg
everything seemed worthless to him
allt verkade värdelöst för honom
worthless and pointless was the way he had been going through life
värdelös och meningslös var sättet han hade gått genom livet
nothing which was alive was left in his hands
inget som var levande fanns kvar i hans händer
nothing which was in some way delicious could be kept
inget som på något sätt var utsökt kunde behållas
nothing worth keeping would stay
inget värt att behålla skulle stanna
alone he stood there, empty like a castaway on the shore
ensam stod han där, tom som en skeppsbrut på stranden

With a gloomy mind, Siddhartha went to his pleasure-garden
Med ett dystert sinne gick Siddhartha till sin nöjesträdgård
he locked the gate and sat down under a mango-tree
han låste porten och satte sig under ett mangoträd
he felt death in his heart and horror in his chest

han kände döden i hjärtat och fasan i bröstet
he sensed how everything died and withered in him
han anade hur allt dog och vissnade i honom
By and by, he gathered his thoughts in his mind
Då och då samlade han sina tankar i sitt sinne
once again, he went through the entire path of his life
återigen gick han igenom hela sitt livs väg
he started with the first days he could remember
han började med de första dagarna han kunde minnas
When was there ever a time when he had felt a true bliss?
När fanns det någon gång då han hade känt en sann lycka?
Oh yes, several times he had experienced such a thing
Å ja, flera gånger hade han upplevt något sådant
In his years as a boy he had had a taste of bliss
Under sina år som pojke hade han haft en smak av lycka
he had felt happiness in his heart when he obtained praise from the Brahmans
han hade känt lycka i sitt hjärta när han fick beröm från brahmanerna
"There is a path in front of the one who has distinguished himself"
"Det finns en väg framför den som har utmärkt sig"
he had felt bliss reciting the holy verses
han hade känt lycka när han reciterade de heliga verserna
he had felt bliss disputing with the learned ones
han hade känt sig lycka när han disputerade med de lärda
he had felt bliss when he was an assistant in the offerings
han hade känt lycka när han var assistent i erbjudandena
Then, he had felt it in his heart
Då kände han det i sitt hjärta
"There is a path in front of you"
"Det finns en väg framför dig"
"you are destined for this path"
"du är avsedd för denna väg"
"the gods are awaiting you"
"gudarna väntar på dig"

And again, as a young man, he had felt bliss
Och återigen, som ung man, hade han känt lycka
when his thoughts separated him från those thinking on the same things
när hans tankar skilde honom från de som tänkte på samma saker
when he wrestled in pain for the purpose of Brahman
när han brottades i smärta för Brahmans syfte
when every obtained knowledge only kindled new thirst in him
när varje erhållen kunskap bara tände ny törst i honom
in the midst of the pain he felt this very same thing
mitt i smärtan kände han precis samma sak
"Go on! You are called upon!"
"Fortsätt! Du är kallad!"
He had heard this voice when he had left his home
Han hade hört denna röst när han hade lämnat sitt hem
he heard heard this voice when he had chosen the life of a Samana
han hörde höra denna röst när han hade valt livet som en Samana
and again he heard this voice when left the Samanas
och återigen hörde han denna röst när han lämnade Samanas
he had heard the voice when he went to see the perfected one
han hade hört rösten när han gick för att se den fulländade
and when he had gone away from the perfected one, he had heard the voice
och när han hade gått bort från den fullkomliga, hade han hört rösten
he had heard the voice when he went into the uncertain
han hade hört rösten när han gick in i det osäkra
For how long had he not heard this voice anymore?
Hur länge hade han inte hört denna röst längre?
for how long had he reached no height anymore?
hur länge hade han inte nått någon höjd längre?

how even and dull was the manner in which he went through life?
hur jämnt och tråkigt var sättet han gick genom livet?
for many long years without a high goal
under många långa år utan ett högt mål
he had been without thirst or elevation
han hade varit utan törst eller höjd
he had been content with small lustful pleasures
han hade nöjt sig med små lustfyllda nöjen
and yet he was never satisfied!
och ändå blev han aldrig nöjd!
For all of these years he had tried hard to become like the others
Under alla dessa år hade han ansträngt sig för att bli som de andra
he longed to be one of the childlike people
han längtade efter att vara en av de barnsliga människorna
but he didn't know that that was what he really wanted
men han visste inte att det var det han verkligen ville
his life had been much more miserable and poorer than theirs
hans liv hade varit mycket eländigare och fattigare än deras
because their goals and worries were not his
eftersom deras mål och bekymmer inte var hans
the entire world of the Kamaswami-people had only been a game to him
hela Kamaswami-folkets värld hade bara varit en lek för honom
their lives were a dance he would watch
deras liv var en dans han skulle titta på
they performed a comedy he could amuse himself with
de framförde en komedi han kunde roa sig med
Only Kamala had been dear and valuable to him
Endast Kamala hade varit kär och värdefull för honom
but was she still valuable to him?
men var hon fortfarande värdefull för honom?

Did he still need her?
Behövde han henne fortfarande?
Or did she still need him?
Eller behövde hon honom fortfarande?
Did they not play a game without an ending?
Spelade de inte ett spel utan ett slut?
Was it necessary to live for this?
Var det nödvändigt att leva för detta?
No, it was not necessary!
Nej, det behövdes inte!
The name of this game was Sansara
Namnet på detta spel var Sansara
a game for children which was perhaps enjoyable to play once
ett spel för barn som kanske var roligt att spela en gång
maybe it could be played twice
kanske kan det spelas två gånger
perhaps you could play it ten times
kanske du kan spela det tio gånger
but should you play it for ever and ever?
men ska du spela det för alltid?
Then, Siddhartha knew that the game was over
Sedan visste Siddhartha att spelet var över
he knew that he could not play it any more
han visste att han inte kunde spela det längre
Shivers ran over his body and inside of him
Rysningar rann över hans kropp och inuti honom
he felt that something had died
han kände att något hade dött

That entire day, he sat under the mango-tree
Hela dagen satt han under mangoträdet
he was thinking of his father
han tänkte på sin far
he was thinking of Govinda
han tänkte på Govinda

and he was thinking of Gotama
och han tänkte på Gotama
Did he have to leave them to become a Kamaswami?
Var han tvungen att lämna dem för att bli en Kamaswami?
He was still sitting there when the night had fallen
Han satt fortfarande kvar när natten hade fallit
he caught sight of the stars, and thought to himself
han fick syn på stjärnorna och tänkte för sig själv
"Here I'm sitting under my mango-tree in my pleasure-garden"
"Här sitter jag under mitt mangoträd i min nöjesträdgård"
He smiled a little to himself
Han log lite för sig själv
was it really necessary to own a garden?
var det verkligen nödvändigt att äga en trädgård?
was it not a foolish game?
var det inte ett dumt spel?
did he need to own a mango-tree?
behövde han äga ett mangoträd?
He also put an end to this
Han satte också stopp för detta
this also died in him
detta dog också i honom
He rose and bid his farewell to the mango-tree
Han reste sig och tog farväl av mangoträdet
he bid his farewell to the pleasure-garden
han tog farväl av lustgården
Since he had been without food this day, he felt strong hunger
Eftersom han hade varit utan mat denna dag kände han stark hunger
and he thought of his house in the city
och han tänkte på sitt hus i staden
he thought of his chamber and bed
han tänkte på sin kammare och säng
he thought of the table with the meals on it

han tänkte på bordet med måltiderna på
He smiled tiredly, shook himself, and bid his farewell to these things
Han log trött, skakade om sig själv och tog farväl av dessa saker
In the same hour of the night, Siddhartha left his garden
Samma timme på natten lämnade Siddhartha sin trädgård
he left the city and never came back
han lämnade staden och kom aldrig tillbaka

For a long time, Kamaswami had people look for him
Under lång tid lät Kamaswami folk leta efter honom
they thought he had fallen into the hands of robbers
de trodde att han hade fallit i händerna på rånare
Kamala had no one look for him
Kamala hade ingen som letade efter honom
she was not astonished by his disappearance
hon var inte förvånad över hans försvinnande
Did she not always expect it?
Har hon inte alltid förväntat sig det?
Was he not a Samana?
Var han inte en Samana?
a man who was at home nowhere, a pilgrim
en man som var hemma ingenstans, en pilgrim
she had felt this the last time they had been together
det hade hon känt senast de hade varit tillsammans
she was happy despite all the pain of the loss
hon var glad trots all smärta av förlusten
she was happy she had been with him one last time
hon var glad att hon hade varit med honom en sista gång
she was happy she had pulled him so affectionately to her heart
hon var glad att hon hade dragit honom så kärleksfullt till sitt hjärta
she was happy she had felt completely possessed and penetrated by him

hon var glad att hon hade känt sig helt besatt och
genomträngd av honom
When she received the news, she went to the window
När hon fick beskedet gick hon till fönstret
at the window she held a rare singing bird
vid fönstret höll hon en sällsynt sjungande fågel
the bird was held captive in a golden cage
fågeln hölls fången i en gyllene bur
She opened the door of the cage
Hon öppnade dörren till buren
she took the bird out and let it fly
hon tog ut fågeln och lät den flyga
For a long time, she gazed after it
Länge tittade hon efter den
From this day on, she received no more visitors
Från och med denna dag fick hon inga fler besökare
and she kept her house locked
och hon höll sitt hus låst
But after some time, she became aware that she was pregnant
Men efter en tid blev hon medveten om att hon var gravid
she was pregnant from the last time she was with Siddhartha
hon var gravid från förra gången hon var med Siddhartha

By the River
Vid floden

Siddhartha walked through the forest
Siddhartha gick genom skogen
he was already far from the city
han var redan långt från staden
and he knew nothing but one thing
och han visste ingenting annat än en sak
there was no going back for him
det fanns ingen väg tillbaka för honom
the life that he had lived for many years was over
livet som han hade levt i många år var över
he had tasted all of this life
han hade smakat hela detta liv
he had sucked everything out of this life
han hade sugit ut allt ur det här livet
until he was disgusted with it
tills han blev äcklad av det
the singing bird he had dreamt of was dead
den sjungande fågeln han hade drömt om var död
and the bird in his heart was dead too
och fågeln i hans hjärta var också död
he had been deeply entangled in Sansara
han hade varit djupt intrasslad i Sansara
he had sucked up disgust and death into his body
han hade sugit upp avsky och död i sin kropp
like a sponge sucks up water until it is full
som en svamp suger upp vatten tills det är fullt
he was full of misery and death
han var full av elände och död
there was nothing left in this world which could have attracted him
det fanns ingenting kvar i denna värld som kunde ha lockat honom
nothing could have given him joy or comfort

ingenting kunde ha skänkt honom glädje eller tröst
he passionately wished to know nothing about himself anymore
han ville passionerat inte veta något om sig själv längre
he wanted to have rest and be dead
han ville vila och vara död
he wished there was a lightning-bolt to strike him dead!
han önskade att det fanns en blixt som slog ihjäl honom!
If there only was a tiger to devour him!
Om det bara fanns en tiger som kunde sluka honom!
If there only was a poisonous wine which would numb his senses
Om det bara fanns ett giftigt vin som skulle bedöva hans sinnen
a wine which brought him forgetfulness and sleep
ett vin som gav honom glömska och sömn
a wine from which he wouldn't awake from
ett vin som han inte skulle vakna ur
Was there still any kind of filth he had not soiled himself with?
Fanns det fortfarande något slags smuts han inte hade smutsat ner sig med?
was there a sin or foolish act he had not committed?
var det en synd eller dåraktig handling han inte hade begått?
was there a dreariness of the soul he didn't know?
var det en tråkig själ som han inte kände?
was there anything he had not brought upon himself?
var det något han inte hade tagit över sig själv?
Was it still at all possible to be alive?
Var det fortfarande överhuvudtaget möjligt att vara vid liv?
Was it possible to breathe in again and again?
Var det möjligt att andas in igen och igen?
Could he still breathe out?
Kunde han fortfarande andas ut?
was he able to bear hunger?
kunde han stå ut med hunger?

was there any way to eat again?
fanns det något sätt att äta igen?
was it possible to sleep again?
var det möjligt att sova igen?
could he sleep with a woman again?
kunde han sova med en kvinna igen?
had this cycle not exhausted itself?
hade denna cykel inte uttömt sig själv?
were things not brought to their conclusion?
drogs inte saker och ting till sin slutsats?

Siddhartha reached the large river in the forest
Siddhartha nådde den stora floden i skogen
it was the same river he crossed when he had still been a young man
det var samma flod som han korsade när han fortfarande hade varit ung
it was the same river he crossed from the town of Gotama
det var samma flod som han korsade från staden Gotama
he remembered a ferryman who had taken him over the river
han mindes en färjeman som hade tagit honom över floden
By this river he stopped, and hesitantly he stood at the bank
Vid denna flod stannade han, och tveksamt stod han vid stranden
Tiredness and hunger had weakened him
Trötthet och hunger hade försvagat honom
"what should I walk on for?"
"vad ska jag gå på för?"
"to what goal was there left to go?"
"till vilket mål var det kvar att gå?"
No, there were no more goals
Nej, det blev inga fler mål
there was nothing left but a painful yearning to shake off this dream

det fanns ingenting kvar än en smärtsam längtan efter att skaka av sig denna dröm

he yearned to spit out this stale wine

han längtade efter att spotta ut detta gamla vin

he wanted to put an end to this miserable and shameful life

han ville sätta stopp för detta eländiga och skamliga liv

a coconut-tree bent over the bank of the river

ett kokosnötträd böjt över flodens strand

Siddhartha leaned against its trunk with his shoulder

Siddhartha lutade sig mot dess bål med sin axel

he embraced the trunk with one arm

han omfamnade stammen med ena armen

and he looked down into the green water

och han såg ner i det gröna vattnet

the water ran under him

vattnet rann under honom

he looked down and found himself to be entirely filled with the wish to let go

han tittade ner och fann att han var helt uppfylld av önskan att släppa taget

he wanted to drown in these waters

han ville drunkna i dessa vatten

the water reflected a frightening emptiness back at him

vattnet reflekterade en skrämmande tomhet tillbaka mot honom

the water answered to the terrible emptiness in his soul

vattnet svarade på den fruktansvärda tomheten i hans själ

Yes, he had reached the end

Ja, han hade nått slutet

There was nothing left for him, except to annihilate himself

Det fanns ingenting kvar för honom, förutom att förinta sig själv

he wanted to smash the failure into which he had shaped his life

han ville krossa det misslyckande som han hade format sitt liv till

he wanted to throw his life before the feet of mockingly laughing gods
han ville kasta sitt liv inför fötterna på hånfullt skrattande gudar
This was the great vomiting he had longed for; death
Detta var den stora kräkningen han längtat efter; död
the smashing to bits of the form he hated
smashing till bitar av den form han hatade
Let him be food for fishes and crocodiles
Låt honom vara mat åt fiskar och krokodiler
Siddhartha the dog, a lunatic
Hunden Siddhartha, en galning
a depraved and rotten body; a weakened and abused soul!
en depraverad och rutten kropp; en försvagad och misshandlad själ!
let him be chopped to bits by the daemons
låt honom hackas i bitar av demonerna
With a distorted face, he stared into the water
Med ett förvrängt ansikte stirrade han ut i vattnet
he saw the reflection of his face and spat at it
han såg reflektionen av hans ansikte och spottade på det
In deep tiredness, he took his arm away from the trunk of the tree
I djup trötthet tog han bort armen från trädstammen
he turned a bit, in order to let himself fall straight down
han vände sig en bit för att låta sig falla rakt ner
in order to finally drown in the river
för att slutligen drunkna i floden
With his eyes closed, he slipped towards death
Med slutna ögon gled han mot döden
Then, out of remote areas of his soul, a sound stirred up
Sedan, från avlägsna delar av hans själ, rördes ett ljud upp
a sound stirred up out of past times of his now weary life
ett ljud rörde upp sig från tidigare tider av hans nu trötta liv
It was a singular word, a single syllable
Det var ett enstaka ord, en enda stavelse

without thinking he spoke the voice to himself
utan att tänka talade han rösten för sig själv
he slurred the beginning and the end of all prayers of the Brahmans
han sluddrade början och slutet av alla brahmanernas böner
he spoke the holy Om
han talade det heliga Om
"that what is perfect" or "the completion"
"det som är perfekt" eller "fullbordandet"
And in the moment he realized the foolishness of his actions
Och i ögonblicket insåg han det dåraktiga i sina handlingar
the sound of Om touched Siddhartha's ear
ljudet av Om rörde vid Siddharthas öra
his dormant spirit suddenly woke up
hans slumrande ande vaknade plötsligt
Siddhartha was deeply shocked
Siddhartha var djupt chockad
he saw this was how things were with him
han såg att det var så det var med honom
he was so doomed that he had been able to seek death
han var så dömd att han hade kunnat söka döden
he had lost his way so much that he wished the end
han hade gått vilse så mycket att han önskade slutet
the wish of a child had been able to grow in him
ett barns önskan hade kunnat växa i honom
he had wished to find rest by annihilating his body!
han hade velat finna vila genom att förinta sin kropp!
all the agony of recent times
all den senaste tidens vånda
all sobering realizations that his life had created
alla nyktra insikter som hans liv hade skapat
all the desperation that he had felt
all desperation han hade känt
these things did not bring about this moment
dessa saker medförde inte detta ögonblick

when the Om entered his consciousness he became aware of himself
när Omet kom in i hans medvetande blev han medveten om sig själv
he realized his misery and his error
han insåg sitt elände och sitt misstag
Om! he spoke to himself
Om! han talade till sig själv
Om! and again he knew about Brahman
Om! och återigen visste han om Brahman
Om! he knew about the indestructibility of life
Om! han visste om livets oförstörbarhet
Om! he knew about all that is divine, which he had forgotten
Om! han visste om allt som är gudomligt, som han hade glömt
But this was only a moment that flashed before him
Men detta var bara ett ögonblick som blinkade framför honom
By the foot of the coconut-tree, Siddhartha collapsed
Vid foten av kokospalmen kollapsade Siddhartha
he was struck down by tiredness
han drabbades av trötthet
mumbling "Om", he placed his head on the root of the tree
mumlande "Om" placerade han huvudet på trädets rot
and he fell into a deep sleep
och han föll i en djup sömn
Deep was his sleep, and without dreams
Djup var hans sömn och utan drömmar
for a long time he had not known such a sleep any more
på länge hade han inte känt en sådan sömn längre

When he woke up after many hours, he felt as if ten years had passed
När han vaknade efter många timmar kändes det som om tio år hade gått
he heard the water quietly flowing
han hörde vattnet tyst rinna

he did not know where he was
han visste inte var han var
and he did not know who had brought him here
och han visste inte vem som hade fört honom hit
he opened his eyes and looked with astonishment
han öppnade ögonen och såg med förvåning
there were trees and the sky above him
det fanns träd och himlen ovanför honom
he remembered where he was and how he got here
han kom ihåg var han var och hur han kom hit
But it took him a long while for this
Men det tog lång tid för honom
the past seemed to him as if it had been covered by a veil
det förflutna tycktes honom som om det hade varit täckt av en slöja
infinitely distant, infinitely far away, infinitely meaningless
oändligt avlägset, oändligt långt borta, oändligt meningslöst
He only knew that his previous life had been abandoned
Han visste bara att hans tidigare liv hade övergetts
this past life seemed to him like a very old, previous incarnation
detta tidigare liv föreföll honom som en mycket gammal, tidigare inkarnation
this past life felt like a pre-birth of his present self
detta tidigare liv kändes som en förfödelse av hans nuvarande jag
full of disgust and wretchedness, he had intended to throw his life away
full av avsky och elände hade han tänkt kasta bort sitt liv
he had come to his senses by a river, under a coconut-tree
han hade kommit till sans vid en flod, under ett kokospalm
the holy word "Om" was on his lips
det heliga ordet "Om" var på hans läppar
he had fallen asleep and had now woken up
han hade somnat och hade nu vaknat
he was looking at the world as a new man

han såg på världen som en ny man
Quietly, he spoke the word "Om" to himself
Tyst talade han ordet "Om" till sig själv
the "Om" he was speaking when he had fallen asleep
"Om" han talade när han hade somnat
his sleep felt like nothing more than a long meditative recitation of "Om"
hans sömn kändes som inget annat än en lång meditativ recitation av "Om"
all his sleep had been a thinking of "Om"
all hans sömn hade varit att tänka på "Om"
a submergence and complete entering into "Om"
en nedsänkning och fullständig inträde i "Om"
a going into the perfected and completed
en gå in i det fulländade och fullbordade
What a wonderful sleep this had been!
Vilken underbar sömn detta hade varit!
he had never before been so refreshed by sleep
han hade aldrig förut blivit så pigg av sömnen
Perhaps, he really had died
Kanske hade han verkligen dött
maybe he had drowned and was reborn in a new body?
kanske hade han drunknat och återfödds i en ny kropp?
But no, he knew himself and who he was
Men nej, han visste sig själv och vem han var
he knew his hands and his feet
han kände sina händer och sina fötter
he knew the place where he lay
han visste platsen där han låg
he knew this self in his chest
han kände detta jag i sitt bröst
Siddhartha the eccentric, the weird one
Siddhartha den excentriske, den konstiga
but this Siddhartha was nevertheless transformed
men denna Siddhartha förvandlades ändå
he was strangely well rested and awake

han var märkligt väl utvilad och vaken
and he was joyful and curious
och han var glad och nyfiken

Siddhartha straightened up and looked around
Siddhartha rätade på sig och såg sig omkring
then he saw a person sitting opposite to him
då såg han en person sitta mitt emot honom
a monk in a yellow robe with a shaven head
en munk i gul mantel med rakat huvud
he was sitting in the position of pondering
han satt i ställningen att grubbla
He observed the man, who had neither hair on his head nor a beard
Han observerade mannen, som varken hade hår på huvudet eller skägg
he had not observed him for long when he recognised this monk
han hade inte iakttagit honom länge när han kände igen denne munk
it was Govinda, the friend of his youth
det var Govinda, hans ungdomsvän
Govinda, who had taken his refuge with the exalted Buddha
Govinda, som hade tagit sin tillflykt hos den upphöjda Buddha
Like Siddhartha, Govinda had also aged
Liksom Siddhartha hade Govinda också åldrats
but his face still bore the same features
men hans ansikte bar fortfarande samma drag
his face still expressed zeal and faithfulness
hans ansikte uttryckte fortfarande nit och trofasthet
you could see he was still searching, but timidly
man kunde se att han fortfarande letade, men blygt
Govinda sensed his gaze, opened his eyes, and looked at him

Govinda kände hans blick, öppnade hans ögon och tittade på honom
Siddhartha saw that Govinda did not recognise him
Siddhartha såg att Govinda inte kände igen honom
Govinda was happy to find him awake
Govinda var glad över att hitta honom vaken
apparently, he had been sitting here for a long time
tydligen hade han suttit här länge
he had been waiting for him to wake up
han hade väntat på att han skulle vakna
he waited, although he did not know him
han väntade, fastän han inte kände honom
"I have been sleeping" said Siddhartha
"Jag har sovit" sa Siddhartha
"How did you get here?"
"Hur kom du hit?"
"You have been sleeping" answered Govinda
"Du har sovit" svarade Govinda
"It is not good to be sleeping in such places"
"Det är inte bra att sova på sådana ställen"
"snakes and the animals of the forest have their paths here"
"ormar och skogens djur har sina vägar här"
"I, oh sir, am a follower of the exalted Gotama"
"Jag, herre, är en anhängare av den upphöjda Gotama"
"I was on a pilgrimage on this path"
"Jag var på pilgrimsfärd på denna stig"
"I saw you lying and sleeping in a place where it is dangerous to sleep"
"Jag såg dig ligga och sova på en plats där det är farligt att sova"
"Therefore, I sought to wake you up"
"Därför försökte jag väcka dig"
"but I saw that your sleep was very deep"
"men jag såg att din sömn var mycket djup"
"so I stayed behind from my group"
"så jag stannade kvar från min grupp"

"and I sat with you until you woke up"
"och jag satt med dig tills du vaknade"
"And then, so it seems, I have fallen asleep myself"
"Och så, så verkar det som, jag har själv somnat"
"I, who wanted to guard your sleep, fell asleep"
"Jag, som ville vakta din sömn, somnade"
"Badly, I have served you"
"Dåligt, jag har tjänat dig"
"tiredness had overwhelmed me"
"tröttheten hade överväldigat mig"
"But since you're awake, let me go to catch up with my brothers"
"Men eftersom du är vaken, låt mig gå för att komma ikapp mina bröder"
"I thank you, Samana, for watching out over my sleep" spoke Siddhartha
"Jag tackar dig, Samana, för att du vakar över min sömn" sa Siddhartha
"You're friendly, you followers of the exalted one"
"Ni är vänliga, ni anhängare av den upphöjde"
"Now you may go to them"
"Nu får du gå till dem"
"I'm going, sir. May you always be in good health"
"Jag går, sir. Må du alltid vara vid god hälsa"
"I thank you, Samana"
"Jag tackar dig, Samana"
Govinda made the gesture of a salutation and said "Farewell"
Govinda gjorde en hälsningsgest och sa "Farväl"
"Farewell, Govinda" said Siddhartha
"Farväl, Govinda" sa Siddhartha
The monk stopped as if struck by lightning
Munken stannade som om han träffades av blixten
"Permit me to ask, sir, from where do you know my name?"
"Tillåt mig fråga, herre, varifrån vet du mitt namn?"

Siddhartha smiled, "I know you, oh Govinda, from your father's hut"
Siddhartha log, "Jag känner dig, åh Govinda, från din fars hydda"
"and I know you from the school of the Brahmans"
"och jag känner dig från brahmanernas skola"
"and I know you from the offerings"
"och jag känner dig från offeren"
"and I know you from our walk to the Samanas"
"och jag känner dig från vår promenad till Samanas"
"and I know you from when you took refuge with the exalted one"
"och jag känner dig från när du tog din tillflykt till den upphöjde"
"You're Siddhartha," Govinda exclaimed loudly, "Now, I recognise you"
"Du är Siddhartha," utbrast Govinda högt, "Nu känner jag igen dig"
"I don't comprehend how I couldn't recognise you right away"
"Jag förstår inte hur jag inte kunde känna igen dig direkt"
"Siddhartha, my joy is great to see you again"
"Siddhartha, min glädje är stor att se dig igen"
"It also gives me joy, to see you again" spoke Siddhartha
"Det ger mig också glädje att se dig igen" sa Siddhartha
"You've been the guard of my sleep"
"Du har varit min sömns vakt"
"again, I thank you for this"
"igen, jag tackar dig för detta"
"but I wouldn't have required any guard"
"men jag skulle inte ha krävt någon vakt"
"Where are you going to, oh friend?"
"Vart ska du, oh vän?"
"I'm going nowhere," answered Govinda
"Jag går ingenstans", svarade Govinda
"We monks are always travelling"

"Vi munkar reser alltid"
"whenever it is not the rainy season, we move from one place to another"
"när det inte är regnperioden flyttar vi från en plats till en annan"
"we live according to the rules of the teachings passed on to us"
"vi lever enligt reglerna i den lärdom som vi har fått"
"we accept alms, and then we move on"
"vi tar emot allmosor och sedan går vi vidare"
"It is always like this"
"Det är alltid så här"
"But you, Siddhartha, where are you going to?"
"Men du, Siddhartha, vart ska du?"
"for me it is as it is with you"
"för mig är det som det är med dig"
"I'm going nowhere; I'm just travelling"
"Jag går ingenstans, jag reser bara"
"I'm also on a pilgrimage"
"Jag är också på pilgrimsfärd"
Govinda spoke "You say you're on a pilgrimage, and I believe you"
Govinda talade "Du säger att du är på pilgrimsfärd, och jag tror dig"
"But, forgive me, oh Siddhartha, you do not look like a pilgrim"
"Men förlåt mig, åh Siddhartha, du ser inte ut som en pilgrim"
"You're wearing a rich man's garments"
"Du bär en rik mans kläder"
"you're wearing the shoes of a distinguished gentleman"
"du har på dig en framstående gentlemans skor"
"and your hair, with the fragrance of perfume, is not a pilgrim's hair"
"och ditt hår, med doften av parfym, är inte ett pilgrimshår"
"you do not have the hair of a Samana"
"du har inte håret som en Samana"

"you are right, my dear"
"du har rätt min kära"
"you have observed things well"
"du har observerat saker väl"
"your keen eyes see everything"
"din skarpa ögon ser allt"
"But I haven't said to you that I was a Samana"
"Men jag har inte sagt till dig att jag var en Samana"
"I said I'm on a pilgrimage"
"Jag sa att jag är på pilgrimsfärd"
"And so it is, I'm on a pilgrimage"
"Och så är det, jag är på pilgrimsfärd"
"You're on a pilgrimage" said Govinda
"Du är på pilgrimsfärd" sa Govinda
"But few would go on a pilgrimage in such clothes"
"Men få skulle åka på pilgrimsfärd i sådana kläder"
"few would pilger in such shoes"
"få skulle vallfärda i sådana skor"
"and few pilgrims have such hair"
"och få pilgrimer har sådant hår"
"I have never met such a pilgrim"
"Jag har aldrig träffat en sådan pilgrim"
"and I have been a pilgrim for many years"
"och jag har varit pilgrim i många år"
"I believe you, my dear Govinda"
"Jag tror dig, min kära Govinda"
"But now, today, you've met a pilgrim just like this"
"Men nu, idag, har du träffat en pilgrim precis så här"
"a pilgrim wearing these kinds of shoes and garment"
"en pilgrim som bär dessa typer av skor och plagg"
"Remember, my dear, the world of appearances is not eternal"
"Kom ihåg, min kära, utseendevärlden är inte evig"
"our shoes and garments are anything but eternal"
"våra skor och plagg är allt annat än eviga"
"our hair and bodies are not eternal either"

"vårt hår och kroppar är inte heller eviga"
I'm wearing a rich man's clothes"
Jag har en rik mans kläder på mig"
"you've seen this quite right"
"du har sett detta helt rätt"
"I'm wearing them, because I have been a rich man"
"Jag har dem på mig, för jag har varit en rik man"
"and I'm wearing my hair like the worldly and lustful people"
"och jag bär mitt hår som de världsliga och lustfyllda människorna"
"because I have been one of them"
"för att jag har varit en av dem"
"And what are you now, Siddhartha?" Govinda asked
"Och vad är du nu, Siddhartha?" frågade Govinda
"I don't know it, just like you"
"Jag vet inte det, precis som du"
"I was a rich man, and now I am not a rich man anymore"
"Jag var en rik man, och nu är jag inte en rik man längre"
"and what I'll be tomorrow, I don't know"
"och vad jag blir imorgon vet jag inte"
"You've lost your riches?" asked Govinda
"Har du förlorat dina rikedomar?" frågade Govinda
"I've lost my riches, or they have lost me"
"Jag har förlorat mina rikedomar, eller så har de förlorat mig"
"My riches somehow happened to slip away from me"
"Min rikedom råkade på något sätt glida ifrån mig"
"The wheel of physical manifestations is turning quickly, Govinda"
"Hjulet av fysiska manifestationer snurrar snabbt, Govinda"
"Where is Siddhartha the Brahman?"
"Var är Brahman Siddhartha?"
"Where is Siddhartha the Samana?"
"Var är Samana Siddhartha?"
"Where is Siddhartha the rich man?"
"Var är Siddhartha den rike mannen?"

"Non-eternal things change quickly, Govinda, you know it"
"Icke eviga saker förändras snabbt, Govinda, du vet det"
Govinda looked at the friend of his youth for a long time
Govinda tittade länge på sin ungdomsvän
he looked at him with doubt in his eyes
han såg på honom med tvivel i ögonen
After that, he gave him the salutation which one would use on a gentleman
Efter det gav han honom hälsningen som man skulle använda på en gentleman
and he went on his way, and continued his pilgrimage
och han gick sin väg och fortsatte sin pilgrimsfärd
With a smiling face, Siddhartha watched him leave
Med ett leende såg Siddhartha honom gå
he loved him still, this faithful, fearful man
han älskade honom fortfarande, denna trogna, rädda man
how could he not have loved everybody and everything in this moment?
hur kunde han inte ha älskat alla och allt i detta ögonblick?
in the glorious hour after his wonderful sleep, filled with Om!
i den härliga timmen efter hans underbara sömn, fylld med Om!
The enchantment, which had happened inside of him in his sleep
Förtrollningen, som hade hänt inom honom i sömnen
this enchantment was everything that he loved
denna förtrollning var allt han älskade
he was full of joyful love for everything he saw
han var full av glad kärlek till allt han såg
exactly this had been his sickness before
just detta hade varit hans sjukdom tidigare
he had not been able to love anybody or anything
han hade inte kunnat älska någon eller något
With a smiling face, Siddhartha watched the leaving monk
Med ett leende såg Siddhartha på den lämnande munken

The sleep had strengthened him a lot
Sömnen hade stärkt honom mycket
but hunger gave him great pain
men hungern gav honom stor smärta
by now he had not eaten for two days
vid det här laget hade han inte ätit på två dagar
the times were long past when he could resist such hunger
tiderna var för länge sedan då han kunde motstå en sådan hunger
With sadness, and yet also with a smile, he thought of that time
Med sorg, och ändå också med ett leende, tänkte han på den tiden
In those days, so he remembered, he had boasted of three things to Kamala
På den tiden, så han mindes, hade han skröt med tre saker för Kamala
he had been able to do three noble and undefeatable feats
han hade kunnat göra tre ädla och obesegrade bedrifter
he was able to fast, wait, and think
han kunde fasta, vänta och tänka
These had been his possessions; his power and strength
Dessa hade varit hans ägodelar; hans kraft och styrka
in the busy, laborious years of his youth, he had learned these three feats
under de hektiska, mödosamma åren av sin ungdom hade han lärt sig dessa tre bedrifter
And now, his feats had abandoned him
Och nu hade hans bedrifter övergett honom
none of his feats were his any more
ingen av hans bedrifter var längre hans
neither fasting, nor waiting, nor thinking
varken fasta, vänta eller tänka
he had given them up for the most wretched things
han hade gett upp dem för de mest eländiga saker

what is it that fades most quickly?
vad är det som bleknar snabbast?
sensual lust, the good life, and riches!
sinnlig lust, det goda livet och rikedomar!
His life had indeed been strange
Hans liv hade verkligen varit konstigt
And now, so it seemed, he had really become a childlike person
Och nu, så verkade det, hade han verkligen blivit en barnslig person
Siddhartha thought about his situation
Siddhartha tänkte på sin situation
Thinking was hard for him now
Att tänka var svårt för honom nu
he did not really feel like thinking
han kände inte riktigt för att tänka
but he forced himself to think
men han tvingade sig själv att tänka
"all these most easily perishing things have slipped from me"
"alla dessa lättast förgängliga saker har glidit ifrån mig"
"again, now I'm standing here under the sun"
"igen, nu står jag här under solen"
"I am standing here just like a little child"
"Jag står här precis som ett litet barn"
"nothing is mine, I have no abilities"
"ingenting är mitt, jag har inga förmågor"
"there is nothing I could bring about"
"det finns inget jag kan åstadkomma"
"I have learned nothing from my life"
"Jag har inte lärt mig något av mitt liv"
"How wondrous all of this is!"
"Hur underbart allt detta är!"
"it's wondrous that I'm no longer young"
"det är underbart att jag inte längre är ung"
"my hair is already half gray and my strength is fading"

"mitt hår är redan halvgrått och min styrka bleknar"
"and now I'm starting again at the beginning, as a child!"
"och nu börjar jag om från början, som barn!"
Again, he had to smile to himself
Återigen var han tvungen att le för sig själv
Yes, his fate had been strange!
Ja, hans öde hade varit konstigt!
Things were going downhill with him
Det gick utför med honom
and now he was again facing the world naked and stupid
och nu stod han återigen mot världen naken och dum
But he could not feel sad about this
Men han kunde inte känna sig ledsen över detta
no, he even felt a great urge to laugh
nej, han kände till och med en stor lust att skratta
he felt an urge to laugh about himself
han kände en lust att skratta åt sig själv
he felt an urge to laugh about this strange, foolish world
han kände en lust att skratta åt denna märkliga, dåraktiga värld
"Things are going downhill with you!" he said to himself
"Det går utför med dig!" sa han till sig själv
and he laughed about his situation
och han skrattade åt sin situation
as he was saying it he happened to glance at the river
medan han sa det råkade han titta på floden
and he also saw the river going downhill
och han såg också floden gå nedför
it was singing and being happy about everything
det var att sjunga och vara glad över allt
He liked this, and kindly he smiled at the river
Han gillade detta och log vänligt mot floden
Was this not the river in which he had intended to drown himself?
Var det inte denna flod som han hade tänkt dränka sig i?
in past times, a hundred years ago

förr för hundra år sedan
or had he dreamed this?
eller hade han drömt detta?
"Wondrous indeed was my life" he thought
"Fantastiskt var mitt liv" tänkte han
"my life has taken wondrous detours"
"mitt liv har tagit underbara omvägar"
"As a boy, I only dealt with gods and offerings"
"Som pojke sysslade jag bara med gudar och offer"
"As a youth, I only dealt with asceticism"
"Som ung sysslade jag bara med askes"
"I spent my time in thinking and meditation"
"Jag ägnade min tid åt att tänka och meditera"
"I was searching for Brahman
"Jag letade efter Brahman
and I worshipped the eternal in the Atman"
"och jag tillbad det eviga i Atman"
"But as a young man, I followed the penitents"
"Men som ung man följde jag de ångerfulla"
"I lived in the forest and suffered heat and frost"
"Jag bodde i skogen och led av värme och frost"
"there I learned how to overcome hunger"
"där lärde jag mig att övervinna hunger"
"and I taught my body to become dead"
"och jag lärde min kropp att bli död"
"Wonderfully, soon afterwards, insight came towards me"
"Underbart, strax efteråt kom insikten mot mig"
"insight in the form of the great Buddha's teachings"
"insikt i form av den store Buddhas läror"
"I felt the knowledge of the oneness of the world"
"Jag kände kunskapen om världens enhet"
"I felt it circling in me like my own blood"
"Jag kände hur det cirkulerade i mig som mitt eget blod"
"But I also had to leave Buddha and the great knowledge"
"Men jag var också tvungen att lämna Buddha och den stora kunskapen"

"I went and learned the art of love with Kamala"
"Jag gick och lärde mig kärlekens konst med Kamala"
"I learned trading and business with Kamaswami"
"Jag lärde mig handel och affärer med Kamaswami"
"I piled up money, and wasted it again"
"Jag samlade ihop pengar och slösade bort dem igen"
"I learned to love my stomach and please my senses"
"Jag lärde mig att älska min mage och behaga mina sinnen"
"I had to spend many years losing my spirit"
"Jag var tvungen att ägna många år åt att förlora min själ"
"and I had to unlearn thinking again"
"och jag var tvungen att lära mig att tänka igen"
"there I had forgotten the oneness"
"där hade jag glömt enheten"
"Isn't it just as if I had turned slowly from a man into a child"?
"Är det inte precis som om jag långsamt hade förvandlats från man till barn"?
"from a thinker into a childlike person"
"från en tänkare till en barnslig person"
"And yet, this path has been very good"
"Och ändå har den här vägen varit väldigt bra"
"and yet, the bird in my chest has not died"
"och ändå har fågeln i mitt bröst inte dött"
"what a path has this been!"
"vilken väg har detta varit!"
"I had to pass through so much stupidity"
"Jag var tvungen att gå igenom så mycket dumhet"
"I had to pass through so much vice"
"Jag var tvungen att gå igenom så mycket last"
"I had to make so many errors"
"Jag var tvungen att göra så många fel"
"I had to feel so much disgust and disappointment"
"Jag var tvungen att känna så mycket avsky och besvikelse"
"I had to do all this to become a child again"
"Jag var tvungen att göra allt detta för att bli barn igen"

"and then I could start over again"
"och då kunde jag börja om igen"
"But it was the right way to do it"
"Men det var rätt sätt att göra det"
"my heart says yes to it and my eyes smile to it"
"mitt hjärta säger ja till det och mina ögon ler till det"
"I've had to experience despair"
"Jag har varit tvungen att uppleva förtvivlan"
"I've had to sink down to the most foolish of all thoughts"
"Jag har varit tvungen att sjunka ner till de dummaste av alla tankar"
"I've had to think to the thoughts of suicide"
"Jag har varit tvungen att tänka på självmordstankar"
"only then would I be able to experience divine grace"
"först då skulle jag kunna uppleva gudomlig nåd"
"only then could I hear Om again"
"först då kunde jag höra Om igen"
"only then would I be able to sleep properly and awake again"
"först då skulle jag kunna sova ordentligt och vakna igen"
"I had to become a fool, to find Atman in me again"
"Jag var tvungen att bli en idiot för att hitta Atman i mig igen"
"I had to sin, to be able to live again"
"Jag var tvungen att synda för att kunna leva igen"
"Where else might my path lead me to?"
"Vart annars kan min väg leda mig till?"
"It is foolish, this path, it moves in loops"
"Det är dumt, den här vägen, den rör sig i slingor"
"perhaps it is going around in a circle"
"det kanske går runt i en cirkel"
"Let this path go where it likes"
"Låt den här vägen gå dit den vill"
"where ever this path goes, I want to follow it"
"var än denna väg går vill jag följa den"
he felt joy rolling like waves in his chest
han kände glädjen rulla som vågor i hans bröst

he asked his heart, "from where did you get this happiness?"
frågade han sitt hjärta, "varifrån fick du denna lycka?"
"does it perhaps come from that long, good sleep?"
"kommer det kanske från den långa, goda sömnen?"
"the sleep which has done me so much good"
"sömnen som har gjort mig så mycket bra"
"or does it come from the word Om, which I said?"
"eller kommer det från ordet Om, som jag sa?"
"Or does it come from the fact that I have escaped?"
"Eller kommer det av att jag har rymt?"
"does this happiness come from standing like a child under the sky?"
"kommer denna lycka av att stå som ett barn under himlen?"
"Oh how good is it to have fled"
"Åh vad bra det är att ha flytt"
"it is great to have become free!"
"det är fantastiskt att ha blivit fri!"
"How clean and beautiful the air here is"
"Hur ren och vacker luften är här"
"the air is good to breath"
"luften är bra att andas"
"where I ran away from everything smelled of ointments"
"där jag sprang ifrån allt luktade salvor"
"spices, wine, excess, sloth"
"kryddor, vin, överskott, sengångare"
"How I hated this world of the rich"
"Hur jag hatade denna värld av de rika"
"I hated those who revel in fine food and the gamblers!"
"Jag hatade de som frossar i god mat och spelarna!"
"I hated myself for staying in this terrible world for so long!
"Jag hatade mig själv för att ha stannat i den här hemska världen så länge!
"I have deprived, poisoned, and tortured myself"
"Jag har berövat, förgiftat och torterat mig själv"
"I have made myself old and evil!"
"Jag har gjort mig gammal och ond!"

"No, I will never again do the things I liked doing so much"
"Nej, jag kommer aldrig mer att göra de saker jag gillade att göra så mycket"
"I won't delude myself into thinking that Siddhartha was wise!"
"Jag kommer inte att lura mig själv att tro att Siddhartha var klok!"
"But this one thing I have done well"
"Men den här saken har jag gjort bra"
"this I like, this I must praise"
"det här gillar jag, det här måste jag berömma"
"I like that there is now an end to that hatred against myself"
"Jag gillar att det nu är ett slut på hatet mot mig själv"
"there is an end to that foolish and dreary life!"
"det är ett slut på det där dumma och trista livet!"
"I praise you, Siddhartha, after so many years of foolishness"
"Jag prisar dig, Siddhartha, efter så många år av dårskap"
"you have once again had an idea"
"du har återigen fått en idé"
"you have heard the bird in your chest singing"
"du har hört fågeln i ditt bröst sjunga"
"and you followed the song of the bird!"
"och du följde fågelsången!"
with these thoughts he praised himself
med dessa tankar prisade han sig själv
he had found joy in himself again
han hade funnit glädjen i sig själv igen
he listened curiously to his stomach rumbling with hunger
han lyssnade nyfiket på magen som mullrade av hunger
he had tasted and spat out a piece of suffering and misery
han hade smakat och spottat ut ett stycke lidande och elände
in these recent times and days, this is how he felt
i dessa senaste tider och dagar, så här kände han sig
he had devoured it up to the point of desperation and death
han hade slukit det ända till desperation och död
how everything had happened was good

hur allt hade hänt var bra
he could have stayed with Kamaswami for much longer
han kunde ha stannat med Kamaswami mycket längre
he could have made more money, and then wasted it
han kunde ha tjänat mer pengar och sedan slösat bort dem
he could have filled his stomach and let his soul die of thirst
han kunde ha fyllt sin mage och låtit sin själ dö av törst
he could have lived in this soft upholstered hell much longer
han kunde ha levt i detta mjuka stoppade helvete mycket längre
if this had not happened, he would have continued this life
om detta inte hade hänt, skulle han ha fortsatt detta liv
the moment of complete hopelessness and despair
ögonblicket av total hopplöshet och förtvivlan
the most extreme moment when he hung over the rushing waters
det mest extrema ögonblicket när han hängde över det brusande vattnet
the moment he was ready to destroy himself
det ögonblick han var redo att förgöra sig själv
the moment he had felt this despair and deep disgust
det ögonblick han hade känt denna förtvivlan och djupa avsky
he had not succumbed to it
han hade inte gett efter för det
the bird was still alive after all
fågeln levde trots allt fortfarande
this was why he felt joy and laughed
det var därför han kände glädje och skrattade
this was why his face was smiling brightly under his hair
det var därför hans ansikte log ljust under håret
his hair which had now turned gray
hans hår som nu hade blivit grått
"It is good," he thought, "to get a taste of everything for oneself"
"Det är bra", tänkte han, "att få smaka på allt själv"

"everything which one needs to know"
"allt man behöver veta"
"lust for the world and riches do not belong to the good things"
"lust efter världen och rikedom hör inte till det goda"
"I have already learned this as a child"
"Jag har redan lärt mig det här som barn"
"I have known it for a long time"
"Jag har vetat det länge"
"but I hadn't experienced it until now"
"men jag hade inte upplevt det förrän nu"
"And now that I I've experienced it I know it"
"Och nu när jag har upplevt det vet jag det"
"I don't just know it in my memory, but in my eyes, heart, and stomach"
"Jag vet det inte bara i mitt minne, utan i mina ögon, hjärta och mage"
"it is good for me to know this!"
"det är bra för mig att veta detta!"

For a long time, he pondered his transformation
Under lång tid funderade han på sin förvandling
he listened to the bird, as it sang for joy
han lyssnade på fågeln, medan den sjöng av glädje
Had this bird not died in him?
Hade inte denna fågel dött i honom?
had he not felt this bird's death?
hade han inte känt den här fågelns död?
No, something else from within him had died
Nej, något annat inifrån honom hade dött
something which yearned to die had died
något som längtade efter att dö hade dött
Was it not this that he used to intend to kill?
Var det inte detta som han brukade ha för avsikt att döda?
Was it not his his small, frightened, and proud self that had died?

Var det inte hans lilla, rädda och stolta jag som hade dött?
he had wrestled with his self for so many years
han hade brottats med sig själv i så många år
the self which had defeated him again and again
jaget som hade besegrat honom om och om igen
the self which was back again after every killing
jaget som var tillbaka igen efter varje dödande
the self which prohibited joy and felt fear?
jaget som förbjöd glädje och kände rädsla?
Was it not this self which today had finally come to its death?
Var det inte detta jag som idag äntligen hade dött?
here in the forest, by this lovely river
här i skogen, vid denna vackra flod
Was it not due to this death, that he was now like a child?
Var det inte på grund av denna död, som han nu var som ett barn?
so full of trust and joy, without fear
så full av tillit och glädje, utan rädsla
Now Siddhartha also got some idea of why he had fought this self in vain
Nu fick Siddhartha också en uppfattning om varför han förgäves hade bekämpat detta jag
he knew why he couldn't fight his self as a Brahman
han visste varför han inte kunde bekämpa sig själv som brahman
Too much knowledge had held him back
För mycket kunskap hade hållit honom tillbaka
too many holy verses, sacrificial rules, and self-castigation
för många heliga verser, uppoffringsregler och självförakt
all these things held him back
alla dessa saker höll honom tillbaka
so much doing and striving for that goal!
så mycket att göra och sträva efter det målet!
he had been full of arrogance
han hade varit full av arrogans

he was always the smartest
han var alltid smartast
he was always working the most
han jobbade alltid mest
he had always been one step ahead of all others
han hade alltid legat steget före alla andra
he was always the knowing and spiritual one
han var alltid den vetande och andliga
he was always considered the priest or wise one
han ansågs alltid vara prästen eller vise
his self had retreated into being a priest, arrogance, and spirituality
hans jag hade dragit sig tillbaka till att vara präst, arrogans och andlighet
there it sat firmly and grew all this time
där satt den stadigt och växte hela tiden
and he had thought he could kill it by fasting
och han hade trott att han kunde döda den genom att fasta
Now he saw his life as it had become
Nu såg han sitt liv som det hade blivit
he saw that the secret voice had been right
han såg att den hemliga rösten hade haft rätt
no teacher would ever have been able to bring about his salvation
ingen lärare skulle någonsin ha kunnat åstadkomma sin frälsning
Therefore, he had to go out into the world
Därför var han tvungen att gå ut i världen
he had to lose himself to lust and power
han var tvungen att förlora sig själv till lust och makt
he had to lose himself to women and money
han var tvungen att förlora sig själv till kvinnor och pengar
he had to become a merchant, a dice-gambler, a drinker
han var tvungen att bli köpman, tärningsspelare, drickare
and he had to become a greedy person
och han var tvungen att bli en girig person

he had to do this until the priest and Samana in him was dead
han var tvungen att göra detta tills prästen och Samana i honom var döda
Therefore, he had to continue bearing these ugly years
Därför var han tvungen att fortsätta bära dessa fula år
he had to bear the disgust and the teachings
han fick bära äckeln och lärorna
he had to bear the pointlessness of a dreary and wasted life
han fick utstå meningslösheten i ett trist och bortkastat liv
he had to conclude it up to its bitter end
han var tvungen att avsluta det till dess bittra slut
he had to do this until Siddhartha the lustful could also die
han var tvungen att göra detta tills Siddhartha den lustfulla också kunde dö
He had died and a new Siddhartha had woken up from the sleep
Han hade dött och en ny Siddhartha hade vaknat ur sömnen
this new Siddhartha would also grow old
denna nya Siddhartha skulle också bli gammal
he would also have to die eventually
han skulle också behöva dö så småningom
Siddhartha was still mortal, as is every physical form
Siddhartha var fortfarande dödlig, liksom alla fysiska former
But today he was young and a child and full of joy
Men idag var han ung och ett barn och full av glädje
He thought these thoughts to himself
Han tänkte dessa tankar för sig själv
he listened with a smile to his stomach
han lyssnade med ett leende mot magen
he listened gratefully to a buzzing bee
han lyssnade tacksamt på ett surrande bi
Cheerfully, he looked into the rushing river
Glad tittade han in i den forsande floden
he had never before liked a water as much as this one
han hade aldrig tidigare gillat ett vatten så mycket som detta

he had never before perceived the voice so stronger
han hade aldrig förut uppfattat rösten så starkare
he had never understood the parable of the moving water so strongly
han hade aldrig förstått liknelsen om det rörliga vattnet så starkt
he had never before noticed how beautifully the river moved
han hade aldrig förut lagt märke till hur vackert floden rörde sig
It seemed to him, as if the river had something special to tell him
Det verkade för honom som om floden hade något speciellt att berätta för honom
something he did not know yet, which was still awaiting him
något han ännu inte visste, som fortfarande väntade honom
In this river, Siddhartha had intended to drown himself
I denna flod hade Siddhartha tänkt att dränka sig själv
in this river the old, tired, desperate Siddhartha had drowned today
i denna flod hade den gamla, trötta, desperata Siddhartha drunknat idag
But the new Siddhartha felt a deep love for this rushing water
Men den nya Siddhartha kände en djup kärlek till detta forsande vatten
and he decided for himself, not to leave it very soon
och han bestämde sig för att inte lämna det så snart

The Ferryman
Färjemannen

"By this river I want to stay," thought Siddhartha
"Vid denna flod vill jag stanna", tänkte Siddhartha
"it is the same river which I have crossed a long time ago"
"det är samma flod som jag har korsat för länge sedan"
"I was on my way to the childlike people"
"Jag var på väg till de barnsliga människorna"
"a friendly ferryman had guided me across the river"
"en vänlig färjeman hade guidat mig över floden"
"he is the one I want to go to"
"han är den jag vill gå till"
"starting out from his hut, my path led me to a new life"
"Att starta från sin hydda ledde min väg mig till ett nytt liv"
"a path which had grown old and is now dead"
"en stig som hade blivit gammal och nu är död"
"my present path shall also take its start there!"
"Där ska min nuvarande väg också börja!"
Tenderly, he looked into the rushing water
Han tittade ömt ut i det forsande vattnet
he looked into the transparent green lines the water drew
han tittade in i de genomskinliga gröna linjerna som vattnet ritade
the crystal lines of water were rich in secrets
kristalllinjerna av vatten var rika på hemligheter
he saw bright pearls rising from the deep
han såg ljusa pärlor stiga upp ur djupet
quiet bubbles of air floating on the reflecting surface
tysta luftbubblor som flyter på den reflekterande ytan
the blue of the sky depicted in the bubbles
himlens blå avbildad i bubblorna
the river looked at him with a thousand eyes
floden såg på honom med tusen ögon
the river had green eyes and white eyes
floden hade gröna ögon och vita ögon

the river had crystal eyes and sky-blue eyes
floden hade kristallögon och himmelsblå ögon
he loved this water very much, it delighted him
han älskade detta vatten mycket, det gladde honom
he was grateful to the water
han var tacksam mot vattnet
In his heart he heard the voice talking
I sitt hjärta hörde han rösten tala
"Love this water! Stay near it!"
"Älska det här vattnet! Håll dig nära det!"
"Learn from the water!" his voice commanded him
"Lär dig av vattnet!" befallde hans röst honom
Oh yes, he wanted to learn from it
Åh ja, han ville lära sig av det
he wanted to listen to the water
han ville lyssna på vattnet
He who would understand this water's secrets
Han som skulle förstå detta vattens hemligheter
he would also understand many other things
han skulle också förstå många andra saker
this is how it seemed to him
så här såg det ut för honom
But out of all secrets of the river, today he only saw one
Men av flodens alla hemligheter såg han idag bara en
this secret touched his soul
denna hemlighet berörde hans själ
this water ran and ran, incessantly
detta vatten rann och rann, oupphörligt
the water ran, but nevertheless it was always there
vattnet rann, men ändå fanns det alltid där
the water always, at all times, was the same
vattnet var alltid, hela tiden, detsamma
and at the same time it was new in every moment
och samtidigt var det nytt i varje ögonblick
he who could grasp this would be great
han som kunde fatta detta skulle vara stor

but he didn't understand or grasp it
men han förstod eller fattade det inte
he only felt some idea of it stirring
han kände bara en aning om att det rörde på sig
it was like a distant memory, a divine voices
det var som ett avlägset minne, en gudomlig röst

Siddhartha rose as the workings of hunger in his body became unbearable
Siddhartha steg när hungern i hans kropp blev outhärdlig
In a daze he walked further away from the city
Förvirrad gick han längre bort från staden
he walked up the river along the path by the bank
han gick uppför floden längs stigen vid stranden
he listened to the current of the water
han lyssnade på vattnets ström
he listened to the rumbling hunger in his body
han lyssnade till den mullrande hungern i kroppen
When he reached the ferry, the boat was just arriving
När han kom fram till färjan var båten precis på väg
the same ferryman who had once transported the young Samana across the river
samma färjeman som en gång hade transporterat den unge Samana över floden
he stood in the boat and Siddhartha recognised him
han stod i båten och Siddhartha kände igen honom
he had also aged very much
han hade också åldrats väldigt mycket
the ferryman was astonished to see such an elegant man walking on foot
färjemannen blev förvånad över att se en så elegant man gå till fots
"Would you like to ferry me over?" he asked
"Vill du skjutsa över mig?" frågade han
he took him into his boat and pushed it off the bank

han tog honom in i sin båt och knuffade bort den från stranden
"It's a beautiful life you have chosen for yourself" the passenger spoke
"Det är ett vackert liv du har valt för dig själv" sa passageraren
"It must be beautiful to live by this water every day"
"Det måste vara vackert att bo vid det här vattnet varje dag"
"and it must be beautiful to cruise on it on the river"
"och det måste vara vackert att kryssa på den på floden"
With a smile, the man at the oar moved from side to side
Med ett leende rörde sig mannen vid åran från sida till sida
"It is as beautiful as you say, sir"
"Det är så vackert som du säger, sir"
"But isn't every life and all work beautiful?"
"Men är inte varje liv och allt arbete vackert?"
"This may be true" replied Siddhartha
"Detta kan vara sant" svarade Siddhartha
"But I envy you for your life"
"Men jag avundas dig för ditt liv"
"Ah, you would soon stop enjoying it"
"Åh, du skulle snart sluta njuta av det"
"This is no work for people wearing fine clothes"
"Det här är inget jobb för människor som bär fina kläder"
Siddhartha laughed at the observation
Siddhartha skrattade åt observationen
"Once before, I have been looked upon today because of my clothes"
"En gång tidigare har jag blivit sett på idag på grund av mina kläder"
"I have been looked upon with distrust"
"Jag har blivit betraktad med misstro"
"they are a nuisance to me"
"de är till besvär för mig"
"Wouldn't you, ferryman, like to accept these clothes"
"Skulle du inte, färjeman, vilja acceptera dessa kläder"
"because you must know, I have no money to pay your fare"

"eftersom du måste veta, jag har inga pengar för att betala din biljett"
"You're joking, sir," the ferryman laughed
"Du skojar, sir", skrattade färjemannen
"I'm not joking, friend"
"Jag skämtar inte, vän"
"once before you have ferried me across this water in your boat"
"en gång förut har du fört mig över detta vatten i din båt"
"you did it for the immaterial reward of a good deed"
"du gjorde det för den immateriella belöningen av en god gärning"
"ferry me across the river and accept my clothes for it"
"Färja mig över floden och acceptera mina kläder för det"
"And do you, sir, intent to continue travelling without clothes?"
"Och har ni, herre, för avsikt att fortsätta resa utan kläder?"
"Ah, most of all I wouldn't want to continue travelling at all"
"Ah, mest av allt skulle jag inte vilja fortsätta resa alls"
"I would rather you gave me an old loincloth"
"Jag skulle hellre att du gav mig ett gammalt ländtyg"
"I would like it if you kept me with you as your assistant"
"Jag skulle gilla om du höll mig hos dig som din assistent"
"or rather, I would like if you accepted me as your trainee"
"eller snarare, jag skulle vilja om du accepterade mig som din praktikant"
"because first I'll have to learn how to handle the boat"
"för först måste jag lära mig att hantera båten"
For a long time, the ferryman looked at the stranger
Länge tittade färjemannen på främlingen
he was searching in his memory for this strange man
han letade i sitt minne efter denna främmande man
"Now I recognise you," he finally said
"Nu känner jag igen dig", sa han till slut
"At one time, you've slept in my hut"
"En gång har du sovit i min hydda"

"this was a long time ago, possibly more than twenty years"
"det här var länge sedan, möjligen mer än tjugo år"
"and you've been ferried across the river by me"
"och du har blivit färjad över floden av mig"
"that day we parted like good friends"
"den dagen skildes vi åt som goda vänner"
"Haven't you been a Samana?"
"Har du inte varit en Samana?"
"I can't think of your name anymore"
"Jag kan inte komma på ditt namn längre"
"My name is Siddhartha, and I was a Samana"
"Jag heter Siddhartha och jag var en Samana"
"I had still been a Samana when you last saw me"
"Jag hade fortfarande varit en Samana när du senast såg mig"
"So be welcome, Siddhartha. My name is Vasudeva"
"Så var välkommen, Siddhartha. Mitt namn är Vasudeva"
"You will, so I hope, be my guest today as well"
"Du kommer, så jag hoppas, vara min gäst idag också"
"and you may sleep in my hut"
"och du får sova i min hydda"
"and you may tell me, where you're coming from"
"och du kan berätta för mig var du kommer ifrån"
"and you may tell me why these beautiful clothes are such a nuisance to you"
"och du kan berätta för mig varför dessa vackra kläder är så besvärande för dig"
They had reached the middle of the river
De hade nått mitten av floden
Vasudeva pushed the oar with more strength
Vasudeva sköt åran med mer styrka
in order to overcome the current
för att övervinna strömmen
He worked calmly, with brawny arms
Han arbetade lugnt, med magra armar
his eyes were fixed in on the front of the boat
hans ögon var fästa på framsidan av båten

Siddhartha sat and watched him
Siddhartha satt och tittade på honom
he remembered his time as a Samana
han mindes sin tid som Samana
he remembered how love for this man had stirred in his heart
han mindes hur kärleken till denna man hade rört sig i hans hjärta
Gratefully, he accepted Vasudeva's invitation
Tacksamt accepterade han Vasudevas inbjudan
When they had reached the bank, he helped him to tie the boat to the stakes
När de hade kommit fram till banken hjälpte han honom att binda fast båten vid pålarna
after this, the ferryman asked him to enter the hut
efter detta bad färjmannen honom gå in i kojan
he offered him bread and water, and Siddhartha ate with eager pleasure
han erbjöd honom bröd och vatten, och Siddhartha åt med ivrigt nöje
and he also ate with eager pleasure of the mango fruits Vasudeva offered him
och han åt också med ivrigt nöje av mangofrukterna Vasudeva erbjöd honom

Afterwards, it was almost the time of the sunset
Efteråt var det nästan solnedgångens tid
they sat on a log by the bank
de satt på en stock vid banken
Siddhartha told the ferryman about where he originally came from
Siddhartha berättade för färjemannen om var han ursprungligen kom ifrån
he told him about his life as he had seen it today
han berättade för honom om sitt liv som han hade sett det idag

the way he had seen it in that hour of despair
hur han hade sett det i den där stunden av förtvivlan
the tale of his life lasted late into the night
berättelsen om hans liv varade långt in på natten
Vasudeva listened with great attention
Vasudeva lyssnade med stor uppmärksamhet
Listening carefully, he let everything enter his mind
Han lyssnade noga och lät allt komma in i hans sinne
birthplace and childhood, all that learning
födelseplats och barndom, allt det lärandet
all that searching, all joy, all distress
allt det sökandet, all glädje, all nöd
This was one of the greatest virtues of the ferryman
Detta var en av färjemannens största dygder
like only a few, he knew how to listen
som bara ett fåtal visste han hur han skulle lyssna
he did not have to speak a word
han behövde inte säga ett ord
but the speaker sensed how Vasudeva let his words enter his mind
men talaren kände hur Vasudeva lät sina ord komma in i hans sinne
his mind was quiet, open, and waiting
hans sinne var tyst, öppet och väntande
he did not lose a single word
han tappade inte ett enda ord
he did not await a single word with impatience
han väntade inte ett enda ord med otålighet
he did not add his praise or rebuke
han tillade inte sin beröm eller tillrättavisning
he was just listening, and nothing else
han bara lyssnade, och inget annat
Siddhartha felt what a happy fortune it is to confess to such a listener
Siddhartha kände vilken lycklig tur det är att bekänna för en sådan lyssnare

he felt fortunate to bury in his heart his own life
han kände sig lycklig att begrava sitt eget liv i sitt hjärta
he buried his own search and suffering
han begravde sitt eget sökande och lidande
he told the tale of Siddhartha's life
han berättade historien om Siddharthas liv
when he spoke of the tree by the river
när han talade om trädet vid floden
when he spoke of his deep fall
när han talade om sitt djupa fall
when he spoke of the holy Om
när han talade om det heliga Om
when he spoke of how he had felt such a love for the river
när han talade om hur han hade känt en sådan kärlek till floden
the ferryman listened to these things with twice as much attention
färjemannen lyssnade på dessa saker med dubbelt så mycket uppmärksamhet
he was entirely and completely absorbed by it
han var helt och fullständigt upptagen av det
he was listening with his eyes closed
han lyssnade med slutna ögon
when Siddhartha fell silent a long silence occurred
när Siddhartha tystnade uppstod en lång tystnad
then Vasudeva spoke "It is as I thought"
då sa Vasudeva "Det är som jag trodde"
"The river has spoken to you"
"floden har talat till dig"
"the river is your friend as well"
"floden är din vän också"
"the river speaks to you as well"
"floden talar till dig också"
"That is good, that is very good"
"Det är bra, det är väldigt bra"
"Stay with me, Siddhartha, my friend"

"Stanna hos mig, Siddhartha, min vän"
"I used to have a wife"
"Jag brukade ha en fru"
"her bed was next to mine"
"hennes säng låg bredvid min"
"but she has died a long time ago"
"men hon har dött för länge sedan"
"for a long time, I have lived alone"
"Länge har jag bott ensam"
"Now, you shall live with me"
"Nu ska du bo hos mig"
"there is enough space and food for both of us"
"det finns tillräckligt med utrymme och mat för oss båda"
"I thank you," said Siddhartha
"Jag tackar dig," sa Siddhartha
"I thank you and accept"
"Jag tackar och accepterar"
"And I also thank you for this, Vasudeva"
"Och jag tackar dig också för detta, Vasudeva"
"I thank you for listening to me so well"
"Jag tackar dig för att du lyssnade på mig så bra"
"people who know how to listen are rare"
"människor som vet hur man lyssnar är sällsynta"
"I have not met a single person who knew it as well as you do"
"Jag har inte träffat en enda person som visste det så bra som du gör"
"I will also learn in this respect from you"
"Jag kommer också att lära mig i detta avseende av dig"
"You will learn it," spoke Vasudeva
"Du kommer att lära dig det," sa Vasudeva
"but you will not learn it from me"
"men du kommer inte att lära dig det av mig"
"The river has taught me to listen"
"Floden har lärt mig att lyssna"
"you will learn to listen from the river as well"

"du kommer att lära dig att lyssna från floden också"
"It knows everything, the river"
"Den vet allt, floden"
"everything can be learned from the river"
"allt kan läras av floden"
"See, you've already learned this from the water too"
"Se, du har redan lärt dig det här från vattnet också"
"you have learned that it is good to strive downwards"
"du har lärt dig att det är bra att sträva nedåt"
"you have learned to sink and to seek depth"
"du har lärt dig att sjunka och att söka djup"
"The rich and elegant Siddhartha is becoming an oarsman's servant"
"Den rika och eleganta Siddhartha håller på att bli en roddares tjänare"
"the learned Brahman Siddhartha becomes a ferryman"
"den lärde Brahman Siddhartha blir en färjeman"
"this has also been told to you by the river"
"det har också sagts till dig vid floden"
"You'll learn the other thing from it as well"
"Du kommer att lära dig det andra av det också"
Siddhartha spoke after a long pause
Siddhartha talade efter en lång paus
"What other things will I learn, Vasudeva?"
"Vilka andra saker kommer jag att lära mig, Vasudeva?"
Vasudeva rose. "It is late," he said
Vasudeva steg. "Det är sent", sa han
and Vasudeva proposed going to sleep
och Vasudeva föreslog att gå och sova
"I can't tell you that other thing, oh friend"
"Jag kan inte berätta det där, oh vän"
"You'll learn the other thing, or perhaps you know it already"
"Du kommer att lära dig det andra, eller kanske du vet det redan"
"See, I'm no learned man"

"Se, jag är ingen lärd man"
"I have no special skill in speaking"
"Jag har ingen speciell förmåga att tala"
"I also have no special skill in thinking"
"Jag har heller ingen speciell förmåga att tänka"
"All I'm able to do is to listen and to be godly"
"Allt jag kan göra är att lyssna och vara gudfruktig"
"I have learned nothing else"
"Jag har inte lärt mig något annat"
"If I was able to say and teach it, I might be a wise man"
"Om jag kunde säga och lära ut det, skulle jag kanske vara en vis man"
"but like this I am only a ferryman"
"men så här är jag bara en färjeman"
"and it is my task to ferry people across the river"
"och det är min uppgift att färja människor över floden"
"I have transported many thousands of people"
"Jag har transporterat många tusen människor"
"and to all of them, my river has been nothing but an obstacle"
"och för dem alla har min flod inte varit annat än ett hinder"
"it was something that got in the way of their travels"
"det var något som kom i vägen för deras resor"
"they travelled to seek money and business"
"de reste för att söka pengar och affärer"
"they travelled for weddings and pilgrimages"
"de reste för bröllop och pilgrimsfärder"
"and the river was obstructing their path"
"och floden hindrade deras väg"
"the ferryman's job was to get them quickly across that obstacle"
"färjmannens jobb var att få dem snabbt över det hindret"
"But for some among thousands, a few, the river has stopped being an obstacle"
"Men för några bland tusentals, några få, har floden slutat att vara ett hinder"

"they have heard its voice and they have listened to it"
"de har hört dess röst och de har lyssnat till den"
"and the river has become sacred to them"
"och floden har blivit helig för dem"
"it become sacred to them as it has become sacred to me"
"det har blivit heligt för dem som det har blivit heligt för mig"
"for now, let us rest, Siddhartha"
"för nu, låt oss vila, Siddhartha"

Siddhartha stayed with the ferryman and learned to operate the boat
Siddhartha stannade hos färjemannen och lärde sig att manövrera båten
when there was nothing to do at the ferry, he worked with Vasudeva in the rice-field
när det inte fanns något att göra på färjan arbetade han med Vasudeva på risfältet
he gathered wood and plucked the fruit off the banana-trees
han samlade ved och plockade frukten från bananträden
He learned to build an oar and how to mend the boat
Han lärde sig att bygga en åra och hur man lagar båten
he learned how to weave baskets and repaid the hut
han lärde sig att väva korgar och betalade tillbaka hyddan
and he was joyful because of everything he learned
och han var glad över allt han lärde sig
the days and months passed quickly
dagarna och månaderna gick snabbt
But more than Vasudeva could teach him, he was taught by the river
Men mer än vad Vasudeva kunde lära honom, blev han undervisad av floden
Incessantly, he learned from the river
Oupphörligt lärde han sig av floden
Most of all, he learned to listen
Mest av allt lärde han sig att lyssna
he learned to pay close attention with a quiet heart

han lärde sig att vara uppmärksam med ett tyst hjärta
he learned to keep a waiting, open soul
han lärde sig att hålla en väntande, öppen själ
he learned to listen without passion
han lärde sig att lyssna utan passion
he learned to listen without a wish
han lärde sig att lyssna utan en önskan
he learned to listen without judgement
han lärde sig att lyssna utan att döma
he learned to listen without an opinion
han lärde sig att lyssna utan en åsikt

In a friendly manner, he lived side by side with Vasudeva
På ett vänligt sätt levde han sida vid sida med Vasudeva
occasionally they exchanged some words
ibland utbytte de några ord
then, at length, they thought about the words
sedan tänkte de till slut på orden
Vasudeva was no friend of words
Vasudeva var ingen vän av ord
Siddhartha rarely succeeded in persuading him to speak
Siddhartha lyckades sällan övertala honom att tala
"did you too learn that secret from the river?"
"har du också lärt dig den hemligheten från floden?"
"the secret that there is no time?"
"hemligheten att det inte finns tid?"
Vasudeva's face was filled with a bright smile
Vasudevas ansikte var fyllt av ett ljust leende
"Yes, Siddhartha," he spoke
"Ja, Siddhartha," talade han
"I learned that the river is everywhere at once"
"Jag lärde mig att floden är överallt på en gång"
"it is at the source and at the mouth of the river"
"det är vid källan och vid mynningen av floden"
"it is at the waterfall and at the ferry"
"det är vid vattenfallet och vid färjan"

"it is at the rapids and in the sea"
"det är vid forsen och i havet"
"it is in the mountains and everywhere at once"
"det är i bergen och överallt samtidigt"
"and I learned that there is only the present time for the river"
"och jag lärde mig att det bara finns den nuvarande tiden för floden"
"it does not have the shadow of the past"
"den har inte skuggan av det förflutna"
"and it does not have the shadow of the future"
"och det har inte framtidens skugga"
"is this what you mean?" he asked
"är det här du menar?" frågade han
"This is what I meant," said Siddhartha
"Det här är vad jag menade," sa Siddhartha
"And when I had learned it, I looked at my life"
"Och när jag hade lärt mig det, tittade jag på mitt liv"
"and my life was also a river"
"och mitt liv var också en flod"
"the boy Siddhartha was only separated from the man Siddhartha by a shadow"
"pojken Siddhartha var bara skild från mannen Siddhartha av en skugga"
"and a shadow separated the man Siddhartha from the old man Siddhartha"
"och en skugga skilde mannen Siddhartha från den gamle Siddhartha"
"things are separated by a shadow, not by something real"
"saker är åtskilda av en skugga, inte av något verkligt"
"Also, Siddhartha's previous births were not in the past"
"Dessutom, Siddharthas tidigare födslar var inte i det förflutna"
"and his death and his return to Brahma is not in the future"
"och hans död och hans återkomst till Brahma är inte i framtiden"

"nothing was, nothing will be, but everything is"
"ingenting var, ingenting kommer att bli, men allt är"
"everything has existence and is present"
"allt existerar och är närvarande"
Siddhartha spoke with ecstasy
Siddhartha talade med extas
this enlightenment had delighted him deeply
denna upplysning hade förtjust honom djupt
"was not all suffering time?"
"var inte allt lidande tid?"
"were not all forms of tormenting oneself a form of time?"
"var inte alla former av att plåga sig själv en form av tid?"
"was not everything hard and hostile because of time?"
"var inte allt hårt och fientligt på grund av tiden?"
"is not everything evil overcome when one overcomes time?"
"är inte allt ont övervunnit när man övervinner tiden?"
"as soon as time leaves the mind, does suffering leave too?"
"så fort tiden lämnar sinnet, lämnar lidandet också?"
Siddhartha had spoken in ecstatic delight
Siddhartha hade talat i extatisk förtjusning
but Vasudeva smiled at him brightly and nodded in confirmation
men Vasudeva log ljust mot honom och nickade bekräftande
silently he nodded and brushed his hand over Siddhartha's shoulder
tyst nickade han och strök handen över Siddharthas axel
and then he turned back to his work
och sedan vände han tillbaka till sitt arbete

And Siddhartha asked Vasudeva again another time
Och Siddhartha frågade Vasudeva igen en annan gång
the river had just increased its flow in the rainy season
floden hade just ökat sitt flöde under regnperioden
and it made a powerful noise
och det gjorde ett kraftigt ljud
"Isn't it so, oh friend, the river has many voices?"

"Är det inte så, o vän, floden har många röster?"
"Hasn't it the voice of a king and of a warrior?"
"Har det inte rösten från en kung och en krigare?"
"Hasn't it the voice of of a bull and of a bird of the night?"
"Har det inte rösten från en tjur och en nattfågel?"
"Hasn't it the voice of a woman giving birth and of a sighing man?"
"Har det inte rösten från en födande kvinna och en suckande man?"
"and does it not also have a thousand other voices?"
"och har den inte också tusen andra röster?"
"it is as you say it is," Vasudeva nodded
"det är som du säger att det är," nickade Vasudeva
"all voices of the creatures are in its voice"
"alla varelsernas röster är i dess röst"
"And do you know..." Siddhartha continued
"Och vet du..." fortsatte Siddhartha
"what word does it speak when you succeed in hearing all of voices at once?"
"vilket ord säger det när du lyckas höra alla röster på en gång?"
Happily, Vasudeva's face was smiling
Lyckligtvis log Vasudevas ansikte
he bent over to Siddhartha and spoke the holy Om into his ear
han böjde sig fram till Siddhartha och talade det heliga Om in i hans öra
And this had been the very thing which Siddhartha had also been hearing
Och detta hade varit just det som Siddhartha också hade hört

time after time, his smile became more similar to the ferryman's
gång på gång blev hans leende mer likt färjemannens
his smile became almost just as bright as the ferryman's
hans leende blev nästan lika ljust som färjemannens

it was almost just as thoroughly glowing with bliss
det var nästan lika genomlyst av lycka
shining out of thousand small wrinkles
lyser ur tusen små rynkor
just like the smile of a child
precis som ett barns leende
just like the smile of an old man
precis som en gammal mans leende
Many travellers, seeing the two ferrymen, thought they were brothers
Många resenärer som såg de två färjemännen trodde att de var bröder
Often, they sat in the evening together by the bank
Ofta satt de på kvällen tillsammans vid banken
they said nothing and both listened to the water
de sa ingenting och båda lyssnade på vattnet
the water, which was not water to them
vattnet, som inte var vatten för dem
it wasn't water, but the voice of life
det var inte vatten, utan livets röst
the voice of what exists and what is eternally taking shape
rösten för det som finns och det som för evigt tar form
it happened from time to time that both thought of the same thing
det hände då och då att båda tänkte på samma sak
they thought of a conversation from the day before
de tänkte på ett samtal från dagen innan
they thought of one of their travellers
de tänkte på en av sina resenärer
they thought of death and their childhood
de tänkte på döden och sin barndom
they heard the river tell them the same thing
de hörde floden berätta samma sak för dem
both delighted about the same answer to the same question
båda gladde över samma svar på samma fråga

There was something about the two ferrymen which was transmitted to others
Det var något med de två färjorna som överfördes till andra
it was something which many of the travellers felt
det var något som många av resenärerna kände
travellers would occasionally look at the faces of the ferrymen
resenärer tittade då och då på färjemännens ansikten
and then they told the story of their life
och sedan berättade de om sitt livs historia
they confessed all sorts of evil things
de bekände alla möjliga onda ting
and they asked for comfort and advice
och de bad om tröst och råd
occasionally someone asked for permission to stay for a night
ibland bad någon om tillåtelse att stanna en natt
they also wanted to listen to the river
de ville också lyssna på floden
It also happened that curious people came
Det hände också att nyfikna kom
they had been told that there were two wise men
de hade fått veta att det fanns två vise män
or they had been told there were two sorcerers
eller de hade fått veta att det fanns två trollkarlar
The curious people asked many questions
De nyfikna ställde många frågor
but they got no answers to their questions
men de fick inga svar på sina frågor
they found neither sorcerers nor wise men
de hittade varken trollkarlar eller vise män
they only found two friendly little old men, who seemed to be mute
de hittade bara två vänliga små gubbar, som verkade vara stumma

they seemed to have become a bit strange in the forest by themselves
de verkade ha blivit lite konstiga i skogen av sig själva
And the curious people laughed about what they had heard
Och de nyfikna skrattade åt det de hade hört
they said common people were foolishly spreading empty rumours
de sa att vanliga människor dumt spred tomma rykten

The years passed by, and nobody counted them
Åren gick och ingen räknade dem
Then, at one time, monks came by on a pilgrimage
Då, vid ett tillfälle, kom munkar förbi på en pilgrimsfärd
they were followers of Gotama, the Buddha
de var anhängare av Gotama, Buddha
they asked to be ferried across the river
de bad om att få färjas över floden
they told them they were in a hurry to get back to their wise teacher
de sa till dem att de hade bråttom att komma tillbaka till sin kloka lärare
news had spread the exalted one was deadly sick
nyheten hade spridits den upphöjde var dödssjuk
he would soon die his last human death
han skulle snart dö sin sista mänskliga död
in order to become one with the salvation
för att bli ett med frälsningen
It was not long until a new flock of monks came
Det dröjde inte länge förrän en ny flock munkar kom
they were also on their pilgrimage
de var också på sin pilgrimsfärd
most of the travellers spoke of nothing other than Gotama
de flesta av resenärerna talade om inget annat än Gotama
his impending death was all they thought about
hans förestående död var allt de tänkte på
if there had been war, just as many would travel

om det hade varit krig skulle lika många resa
just as many would come to the coronation of a king
lika många skulle komma till kröning av en kung
they gathered like ants in droves
de samlades som myror i massor
they flocked, like being drawn onwards by a magic spell
de flockades, som att dras framåt av en magisk besvärjelse
they went to where the great Buddha was awaiting his death
de gick dit den store Buddha väntade på sin död
the perfected one of an era was to become one with the glory
det fulländade av en era var att bli ett med härligheten
Often, Siddhartha thought in those days of the dying wise man
Ofta tänkte Siddhartha på den tiden på den döende vise mannen
the great teacher whose voice had admonished nations
den store läraren vars röst hade förmanat nationer
the one who had awoken hundreds of thousands
den som hade väckt hundratusentals
a man whose voice he had also once heard
en man vars röst han också en gång hade hört
a teacher whose holy face he had also once seen with respect
en lärare vars heliga ansikte han också en gång sett med respekt
Kindly, he thought of him
Snällt tänkte han på honom
he saw his path to perfection before his eyes
han såg sin väg till perfektion framför sina ögon
and he remembered with a smile those words he had said to him
och han mindes med ett leende de ord han hade sagt till honom
when he was a young man and spoke to the exalted one
när han var en ung man och talade till den upphöjde
They had been, so it seemed to him, proud and precious words

De hade varit, så verkade det honom, stolta och dyrbara ord
with a smile, he remembered the the words
med ett leende kom han ihåg orden
he knew that there was nothing standing between Gotama and him any more
han visste att det inte längre fanns något mellan Gotama och honom
he had known this for a long time already
han hade vetat detta länge redan
though he was still unable to accept his teachings
även om han fortfarande inte kunde acceptera hans läror
there was no teaching a truly searching person
det fanns ingen lära en verkligt sökande person
someone who truly wanted to find, could accept
någon som verkligen ville hitta kunde acceptera
But he who had found the answer could approve of any teaching
Men den som hade hittat svaret kunde godkänna vilken undervisning som helst
every path, every goal, they were all the same
varje väg, varje mål, de var alla lika
there was nothing standing between him and all the other thousands any more
det fanns inget som stod mellan honom och alla andra tusen längre
the thousands who lived in that what is eternal
de tusentals som levde i det som är evigt
the thousands who breathed what is divine
de tusentals som andades det som är gudomligt

On one of these days, Kamala also went to him
En av dessa dagar gick Kamala också till honom
she used to be the most beautiful of the courtesans
hon brukade vara den vackraste av kurtisanerna
A long time ago, she had retired from her previous life
För länge sedan hade hon gått i pension från sitt tidigare liv

she had given her garden to the monks of Gotama as a gift
hon hade gett sin trädgård till munkarna i Gotama som gåva
she had taken her refuge in the teachings
hon hade tagit sin tillflykt till lärorna
she was among the friends and benefactors of the pilgrims
hon var bland pilgrimernas vänner och välgörare
she was together with Siddhartha, the boy
hon var tillsammans med Siddhartha, pojken
Siddhartha the boy was her son
Pojken Siddhartha var hennes son
she had gone on her way due to the news of the near death of Gotama
hon hade gått sin väg på grund av nyheten om Gotamas nära döden
she was in simple clothes and on foot
hon var i enkla kläder och till fots
and she was With her little son
och hon var med sin lille son
she was travelling by the river
hon färdades vid floden
but the boy had soon grown tired
men pojken hade snart blivit trött
he desired to go back home
han ville gå hem igen
he desired to rest and eat
han ville vila och äta
he became disobedient and started whining
han blev olydig och började gnälla
Kamala often had to take a rest with him
Kamala var ofta tvungen att vila med honom
he was accustomed to getting what he wanted
han var van att få vad han ville
she had to feed him and comfort him
hon var tvungen att mata honom och trösta honom
she had to scold him for his behaviour
hon var tvungen att skälla ut honom för hans beteende

He did not comprehend why he had to go on this exhausting pilgrimage
Han förstod inte varför han var tvungen att gå på denna utmattande pilgrimsfärd
he did not know why he had to go to an unknown place
han visste inte varför han var tvungen att åka till en okänd plats
he did know why he had to see a holy dying stranger
han visste varför han var tvungen att träffa en helig döende främling
"So what if he died?" he complained
"Så tänk om han dog?" klagade han
why should this concern him?
varför skulle detta oroa honom?
The pilgrims were getting close to Vasudeva's ferry
Pilgrimerna närmade sig Vasudevas färja
little Siddhartha once again forced his mother to rest
lilla Siddhartha tvingade återigen sin mamma att vila
Kamala had also become tired
Kamala hade också blivit trött
while the boy was chewing a banana, she crouched down on the ground
medan pojken tuggade en banan hukade hon sig ner på marken
she closed her eyes a bit and rested
hon slöt ögonen lite och vilade
But suddenly, she uttered a wailing scream
Men plötsligt utbröt hon ett jämrande skrik
the boy looked at her in fear
pojken tittade på henne i rädsla
he saw her face had grown pale from horror
han såg att hennes ansikte hade blivit blekt av skräck
and from under her dress, a small, black snake fled
och under hennes klänning flydde en liten, svart orm
a snake by which Kamala had been bitten
en orm som Kamala hade blivit biten av

Hurriedly, they both ran along the path, to reach people
Hastigt sprang de båda längs stigen för att nå folk
they got near to the ferry and Kamala collapsed
de kom nära färjan och Kamala kollapsade
she was not able to go any further
hon kunde inte gå längre
the boy started crying miserably
pojken började gråta bedrövligt
his cries were only interrupted when he kissed his mother
hans rop avbröts först när han kysste sin mamma
she also joined his loud screams for help
hon anslöt sig också till hans höga skrik på hjälp
she screamed until the sound reached Vasudeva's ears
skrek hon tills ljudet nådde Vasudevas öron
Vasudeva quickly came and took the woman on his arms
Vasudeva kom snabbt och tog kvinnan på sina armar
he carried her into the boat and the boy ran along
han bar in henne i båten och pojken sprang med
soon they reached the hut, where Siddhartha stood by the stove
snart nådde de kojan, där Siddhartha stod vid spisen
he was just lighting the fire
han tände bara elden
He looked up and first saw the boy's face
Han tittade upp och såg först pojkens ansikte
it wondrously reminded him of something
det påminde honom förunderligt om något
like a warning to remember something he had forgotten
som en varning för att komma ihåg något han hade glömt
Then he saw Kamala, whom he instantly recognised
Sedan såg han Kamala, som han omedelbart kände igen
she lay unconscious in the ferryman's arms
hon låg medvetslös i färjemannens famn
now he knew that it was his own son
nu visste han att det var hans egen son

his son whose face had been such a warning reminder to him
hans son vars ansikte hade varit en sådan varnande påminnelse för honom
and the heart stirred in his chest
och hjärtat rörde sig i hans bröst
Kamala's wound was washed, but had already turned black
Kamalas sår var tvättat, men hade redan blivit svart
and her body was swollen
och hennes kropp var svullen
she was made to drink a healing potion
hon fick dricka en läkande dryck
Her consciousness returned and she lay on Siddhartha's bed
Hennes medvetande återvände och hon låg på Siddharthas säng
Siddhartha stood over Kamala, who he used to love so much
Siddhartha stod över Kamala, som han brukade älska så mycket
It seemed like a dream to her
Det verkade som en dröm för henne
with a smile, she looked at her friend's face
med ett leende tittade hon på sin väns ansikte
slowly she realized her situation
långsamt insåg hon sin situation
she remembered she had been bitten
hon kom ihåg att hon hade blivit biten
and she timidly called for her son
och hon ropade blygt på sin son
"He's with you, don't worry," said Siddhartha
"Han är med dig, oroa dig inte," sa Siddhartha
Kamala looked into his eyes
Kamala tittade in i hans ögon
She spoke with a heavy tongue, paralysed by the poison
Hon talade med tung tunga, förlamad av giftet
"You've become old, my dear," she said
"Du har blivit gammal, min kära", sa hon

"you've become gray," she added
"du har blivit grå", tillade hon
"But you are like the young Samana, who came without clothes"
"Men du är som den unga Samana, som kom utan kläder"
"you're like the Samana who came into my garden with dusty feet"
"du är som Samana som kom in i min trädgård med dammiga fötter"
"You are much more like him than you were when you left me"
"Du är mycket mer lik honom än du var när du lämnade mig"
"In the eyes, you're like him, Siddhartha"
"I ögonen är du som han, Siddhartha"
"Alas, I have also grown old"
"Ack, jag har också blivit gammal"
"could you still recognise me?"
"Kan du fortfarande känna igen mig?"
Siddhartha smiled, "Instantly, I recognised you, Kamala, my dear"
Siddhartha log, "Omedelbart kände jag igen dig, Kamala, min kära"
Kamala pointed to her boy
Kamala pekade på sin pojke
"Did you recognise him as well?"
"Känner du igen honom också?"
"He is your son," she confirmed
"Han är din son", bekräftade hon
Her eyes became confused and fell shut
Hennes ögon blev förvirrade och stängdes
The boy wept and Siddhartha took him on his knees
Pojken grät och Siddhartha tog honom på knä
he let him weep and petted his hair
han lät honom gråta och klappade hans hår
at the sight of the child's face, a Brahman prayer came to his mind

vid åsynen av barnets ansikte, kom en Brahman-bön i hans sinne
a prayer which he had learned a long time ago
en bön som han hade lärt sig för länge sedan
a time when he had been a little boy himself
en tid då han själv hade varit en liten pojke
Slowly, with a singing voice, he started to speak
Sakta, med sångröst, började han tala
from his past and childhood, the words came flowing to him
från hans förflutna och barndom kom orden strömmande till honom
And with that song, the boy became calm
Och med den låten blev pojken lugn
he was only now and then uttering a sob
han snyftade bara då och då
and finally he fell asleep
och tillslut somnade han
Siddhartha placed him on Vasudeva's bed
Siddhartha placerade honom på Vasudevas säng
Vasudeva stood by the stove and cooked rice
Vasudeva stod vid spisen och kokade ris
Siddhartha gave him a look, which he returned with a smile
Siddhartha gav honom en blick, som han återvände med ett leende
"She'll die," Siddhartha said quietly
"Hon kommer att dö," sa Siddhartha tyst
Vasudeva knew it was true, and nodded
Vasudeva visste att det var sant och nickade
over his friendly face ran the light of the stove's fire
över hans vänliga ansikte rann ljuset från kaminens eld
once again, Kamala returned to consciousness
återigen återvände Kamala till medvetande
the pain of the poison distorted her face
giftets smärta förvrängde hennes ansikte
Siddhartha's eyes read the suffering on her mouth
Siddharthas ögon avläser lidandet på hennes mun

from her pale cheeks he could see that she was suffering
på hennes bleka kinder kunde han se att hon led
Quietly, he read the pain in her eyes
Tyst läste han smärtan i hennes ögon
attentively, waiting, his mind become one with her suffering
uppmärksamt, väntande, blir hans sinne ett med hennes lidande
Kamala felt it and her gaze sought his eyes
Kamala kände det och hennes blick sökte hans ögon
Looking at him, she spoke
När hon tittade på honom talade hon
"Now I see that your eyes have changed as well"
"Nu ser jag att dina ögon också har förändrats"
"They've become completely different"
"De har blivit helt olika"
"what do I still recognise in you that is Siddhartha?
"vad känner jag fortfarande igen i dig som är Siddhartha?
It's you, and it's not you"
"Det är du, och det är inte du"
Siddhartha said nothing, quietly his eyes looked at hers
Siddhartha sa ingenting, hans ögon tittade tyst på hennes
"You have achieved it?" she asked
"Har du uppnått det?" frågade hon
"You have found peace?"
"Har du hittat frid?"
He smiled and placed his hand on hers
Han log och la sin hand på hennes
"I'm seeing it" she said
"Jag ser det" sa hon
"I too will find peace"
"Också jag kommer att finna frid"
"You have found it," Siddhartha spoke in a whisper
"Du har hittat den," sa Siddhartha viskande
Kamala never stopped looking into his eyes
Kamala slutade aldrig titta in i hans ögon
She thought about her pilgrimage to Gotama

Hon tänkte på sin pilgrimsfärd till Gotama
the pilgrimage which she wanted to take
pilgrimsfärden som hon ville ta
in order to see the face of the perfected one
för att se ansiktet på den fulländade
in order to breathe his peace
för att andas hans frid
but she had now found it in another place
men hon hade nu hittat den på ett annat ställe
and this she thought that was good too
och det här tyckte hon också var bra
it was just as good as if she had seen the other one
det var lika bra som om hon hade sett den andra
She wanted to tell this to him
Hon ville berätta detta för honom
but her tongue no longer obeyed her will
men hennes tunga lydde inte längre hennes vilja
Without speaking, she looked at him
Utan att säga något tittade hon på honom
he saw the life fading from her eyes
han såg livet blekna från hennes ögon
the final pain filled her eyes and made them grow dim
den sista smärtan fyllde hennes ögon och gjorde dem mörka
the final shiver ran through her limbs
den sista rysningen gick genom hennes lemmar
his finger closed her eyelids
hans finger stängde hennes ögonlock

For a long time, he sat and looked at her peacefully dead face
Länge satt han och tittade på hennes fridfullt döda ansikte
For a long time, he observed her mouth
Under en lång stund iakttog han hennes mun
her old, tired mouth, with those lips, which had become thin
hennes gamla, trötta mun, med de där läpparna, som blivit tunna

he remembered he used to compare this mouth with a freshly cracked fig
han kom ihåg att han brukade jämföra denna mun med ett nyknäckt fikon
this was in the spring of his years
detta var på våren under hans år
For a long time, he sat and read the pale face
Länge satt han och läste det bleka ansiktet
he read the tired wrinkles
han läste de trötta rynkorna
he filled himself with this sight
han fylldes av denna syn
he saw his own face in the same manner
han såg sitt eget ansikte på samma sätt
he saw his face was just as white
han såg att hans ansikte var lika vitt
he saw his face was just as quenched out
han såg att hans ansikte var lika utsläckt
at the same time he saw his face and hers being young
samtidigt såg han hans ansikte och hennes vara unga
their faces with red lips and fiery eyes
deras ansikten med röda läppar och eldiga ögon
the feeling of both being real at the same time
känslan av att båda är verkliga samtidigt
the feeling of eternity completely filled every aspect of his being
känslan av evighet fyllde fullständigt varje aspekt av hans väsen
in this hour he felt more deeply than than he had ever felt before
i denna stund kände han djupare än han någonsin känt förut
he felt the indestructibility of every life
han kände det oförstörbara i varje liv
he felt the eternity of every moment
han kände evigheten i varje ögonblick
When he rose, Vasudeva had prepared rice for him

När han reste sig hade Vasudeva förberett ris åt honom
But Siddhartha did not eat that night
Men Siddhartha åt inte den natten
In the stable their goat stood
I stallet stod deras get
the two old men prepared beds of straw for themselves
de två gubbarna gjorde iordning halmbäddar åt sig själva
Vasudeva laid himself down to sleep
Vasudeva lade sig för att sova
But Siddhartha went outside and sat before the hut
Men Siddhartha gick ut och satte sig framför kojan
he listened to the river, surrounded by the past
han lyssnade på floden, omgiven av det förflutna
he was touched and encircled by all times of his life at the same time
han var berörd och omringad av alla tider i sitt liv på samma gång
occasionally he rose and he stepped to the door of the hut
då och då reste han sig och steg fram till dörren till kojan
he listened whether the boy was sleeping
han lyssnade om pojken sov

before the sun could be seen, Vasudeva came out of the stable
innan solen kunde ses kom Vasudeva ut ur stallet
he walked over to his friend
han gick fram till sin vän
"You haven't slept," he said
"Du har inte sovit", sa han
"No, Vasudeva. I sat here"
"Nej, Vasudeva. Jag satt här."
"I was listening to the river"
"Jag lyssnade på floden"
"the river has told me a lot"
"floden har berättat mycket för mig"
"it has deeply filled me with the healing thought of oneness"

"det har djupt fyllt mig med den helande tanken på enhet"
"You've experienced suffering, Siddhartha"
"Du har upplevt lidande, Siddhartha"
"but I see no sadness has entered your heart"
"men jag ser att ingen sorg har kommit in i ditt hjärta"
"No, my dear, how should I be sad?"
"Nej, min kära, hur ska jag vara ledsen?"
"I, who have been rich and happy"
"Jag som har varit rik och lycklig"
"I have become even richer and happier now"
"Jag har blivit ännu rikare och gladare nu"
"My son has been given to me"
"Min son har getts till mig"
"Your son shall be welcome to me as well"
"Din son ska också vara välkommen till mig"
"But now, Siddhartha, let's get to work"
"Men nu, Siddhartha, låt oss börja jobba"
"there is much to be done"
"det finns mycket att göra"
"Kamala has died on the same bed on which my wife had died"
"Kamala har dött på samma säng som min fru dog på"
"Let us build Kamala's funeral pile on the hill"
"Låt oss bygga Kamalas begravningshög på kullen"
"the hill on which I my wife's funeral pile is"
"kullen på vilken jag min frus begravningshög är"
While the boy was still asleep, they built the funeral pile
Medan pojken fortfarande sov byggde de begravningshögen

The Son
Sonen

Timid and weeping, the boy had attended his mother's funeral
Tyst och gråtande hade pojken deltagit i sin mammas begravning
gloomy and shy, he had listened to Siddhartha
dyster och blyg hade han lyssnat på Siddhartha
Siddhartha greeted him as his son
Siddhartha hälsade honom som sin son
he welcomed him at his place in Vasudeva's hut
han välkomnade honom på sin plats i Vasudevas hydda
Pale, he sat for many days by the hill of the dead
Blek satt han i många dagar vid de dödas kulle
he did not want to eat
han ville inte äta
he did not look at anyone
han såg inte på någon
he did not open his heart
han öppnade inte sitt hjärta
he met his fate with resistance and denial
han mötte sitt öde med motstånd och förnekelse
Siddhartha spared giving him lessons
Siddhartha skonade att ge honom lektioner
and he let him do as he pleased
och han lät honom göra som han ville
Siddhartha honoured his son's mourning
Siddhartha hedrade sin sons sorg
he understood that his son did not know him
han förstod att hans son inte kände honom
he understood that he could not love him like a father
han förstod att han inte kunde älska honom som en far
Slowly, he also understood that the eleven-year-old was a pampered boy

Sakta förstod han också att elvaåringen var en bortskämd pojke
he saw that he was a mother's boy
han såg att han var en mammas pojke
he saw that he had grown up in the habits of rich people
han såg att han hade vuxit upp i rika människors vanor
he was accustomed to finer food and a soft bed
han var van vid finare mat och en mjuk säng
he was accustomed to giving orders to servants
han var van att ge order till tjänare
the mourning child could not suddenly be content with a life among strangers
det sörjande barnet kunde inte plötsligt nöja sig med ett liv bland främlingar
Siddhartha understood the pampered child would not willingly be in poverty
Siddhartha förstod att det bortskämda barnet inte gärna skulle vara i fattigdom
He did not force him to do these these things
Han tvingade honom inte att göra dessa saker
Siddhartha did many chores for the boy
Siddhartha gjorde många sysslor för pojken
he always saved the best piece of the meal for him
han sparade alltid den bästa biten av måltiden åt honom
Slowly, he hoped to win him over, by friendly patience
Långsamt hoppades han kunna vinna över honom, genom vänligt tålamod
Rich and happy, he had called himself, when the boy had come to him
Rik och glad, hade han kallat sig, när pojken hade kommit till honom
Since then some time had passed
Sedan dess har det gått en tid
but the boy remained a stranger and in a gloomy disposition
men pojken förblev främling och i ett dystert sinne
he displayed a proud and stubbornly disobedient heart

han visade ett stolt och envist olydigt hjärta
he did not want to do any work
han ville inte göra något arbete
he did not pay his respect to the old men
han ägnade inte sin respekt åt de gamla
he stole from Vasudeva's fruit-trees
han stal från Vasudevas fruktträd
his son had not brought him happiness and peace
hans son hade inte gett honom lycka och frid
the boy had brought him suffering and worry
pojken hade fört honom lidande och oro
slowly Siddhartha began to understand this
långsamt började Siddhartha förstå detta
But he loved him regardless of the suffering he brought him
Men han älskade honom oavsett vilket lidande han förde honom
he preferred the suffering and worries of love over happiness and joy without the boy
han föredrog kärlekens lidande och oro framför lycka och glädje utan pojken
from when young Siddhartha was in the hut the old men had split the work
från när den unge Siddhartha var i kojan hade de gamla männen splittrat arbetet
Vasudeva had again taken on the job of the ferryman
Vasudeva hade återigen tagit på sig jobbet som färjeman
and Siddhartha, in order to be with his son, did the work in the hut and the field
och Siddhartha, för att vara med sin son, gjorde arbetet i hyddan och fältet

for long months Siddhartha waited for his son to understand him
i långa månader väntade Siddhartha på att hans son skulle förstå honom
he waited for him to accept his love

han väntade på att han skulle acceptera sin kärlek
and he waited for his son to perhaps reciprocate his love
och han väntade på att hans son kanske skulle återgälda sin kärlek
For long months Vasudeva waited, watching
I långa månader väntade Vasudeva och tittade på
he waited and said nothing
han väntade och sa ingenting
One day, young Siddhartha tormented his father very much
En dag plågade den unge Siddhartha sin far väldigt mycket
he had broken both of his rice-bowls
han hade krossat båda sina risskålar
Vasudeva took his friend aside and talked to him
Vasudeva tog sin vän åt sidan och pratade med honom
"Pardon me," he said to Siddhartha
"Ursäkta mig," sa han till Siddhartha
"from a friendly heart, I'm talking to you"
"av ett vänligt hjärta, jag pratar med dig"
"I'm seeing that you are tormenting yourself"
"Jag ser att du plågar dig själv"
"I'm seeing that you're in grief"
"Jag ser att du är i sorg"
"Your son, my dear, is worrying you"
"Din son, min kära, oroar dig"
"and he is also worrying me"
"och han oroar mig också"
"That young bird is accustomed to a different life"
"Den unga fågeln är van vid ett annat liv"
"he is used to living in a different nest"
"han är van vid att bo i ett annat bo"
"he has not, like you, run away from riches and the city"
"han har inte, som du, rymt från rikedomar och staden"
"he was not disgusted and fed up with the life in Sansara"
"han var inte äcklad och trött på livet i Sansara"
"he had to do all these things against his will"
"han var tvungen att göra alla dessa saker mot sin vilja"

"he had to leave all this behind"
"han var tvungen att lämna allt detta bakom sig"
"I asked the river, oh friend"
"Jag frågade floden, åh vän"
"many times I have asked the river"
"många gånger har jag frågat floden"
"But the river laughs at all of this"
"Men floden skrattar åt allt detta"
"it laughs at me and it laughs at you"
"det skrattar åt mig och det skrattar åt dig"
"the river is shaking with laughter at our foolishness"
"floden skakar av skratt över vår dårskap"
"Water wants to join water as youth wants to join youth"
"Vatten vill gå med vatten som ungdomar vill gå med ungdomar"
"your son is not in the place where he can prosper"
"din son är inte på den plats där han kan blomstra"
"you too should ask the river"
"du borde också fråga floden"
"you too should listen to it!"
"du också borde lyssna på det!"
Troubled, Siddhartha looked into his friendly face
Siddhartha såg bekymrad in i hans vänliga ansikte
he looked at the many wrinkles in which there was incessant cheerfulness
han såg på de många rynkor, i vilka det fanns en oupphörlig munterhet
"How could I part with him?" he said quietly, ashamed
"Hur kunde jag skiljas från honom?" sa han tyst och skämdes
"Give me some more time, my dear"
"Ge mig lite mer tid, min kära"
"See, I'm fighting for him"
"Se, jag kämpar för honom"
"I'm seeking to win his heart"
"Jag försöker vinna hans hjärta"
"with love and with friendly patience I intend to capture it"

"med kärlek och med vänligt tålamod tänker jag fånga det"
"One day, the river shall also talk to him"
"En dag ska floden också prata med honom"
"he also is called upon"
"han är också kallad"
Vasudeva's smile flourished more warmly
Vasudevas leende blomstrade varmare
"Oh yes, he too is called upon"
"Åh ja, han är också kallad"
"he too is of the eternal life"
"Också han är av det eviga livet"
"But do we, you and me, know what he is called upon to do?"
"Men vet vi, du och jag, vad han uppmanas att göra?"
"we know what path to take and what actions to perform"
"vi vet vilken väg vi ska ta och vilka åtgärder vi ska utföra"
"we know what pain we have to endure"
"vi vet vilken smärta vi måste utstå"
"but does he know these things?"
"men vet han de här sakerna?"
"Not a small one, his pain will be"
"Inte liten, hans smärta kommer att vara"
"after all, his heart is proud and hard"
"hans hjärta är trots allt stolt och hårt"
"people like this have to suffer and err a lot"
"såna här människor måste lida och fela mycket"
"they have to do much injustice"
"de måste göra mycket orättvisa"
"and they have burden themselves with much sin"
"och de har belastat sig själva med mycket synd"
"Tell me, my dear," he asked of Siddhartha
"Säg mig, min kära," frågade han om Siddhartha
"you're not taking control of your son's upbringing?"
"tar du inte kontroll över din sons uppväxt?"
"You don't force him, beat him, or punish him?"
"Du tvingar honom inte, slår honom eller straffar honom?"

"No, Vasudeva, I don't do any of these things"
"Nej, Vasudeva, jag gör inte någon av dessa saker"
"I knew it. You don't force him"
"Jag visste det. Du tvingar honom inte"
"you don't beat him and you don't give him orders"
"du slår honom inte och du ger honom inte order"
"because you know softness is stronger than hard"
"för du vet att mjukhet är starkare än hård"
"you know water is stronger than rocks"
"du vet att vatten är starkare än stenar"
"and you know love is stronger than force"
"och du vet att kärlek är starkare än kraft"
"Very good, I praise you for this"
"Mycket bra, jag berömmer dig för detta"
"But aren't you mistaken in some way?"
"Men har du inte fel på något sätt?"
"don't you think that you are forcing him?"
"Tror du inte att du tvingar honom?"
"don't you perhaps punish him a different way?"
"bestraffar du honom inte på ett annat sätt?"
"Don't you shackle him with your love?"
"Böjer du honom inte med din kärlek?"
"Don't you make him feel inferior every day?"
"Får du honom inte att känna sig underlägsen varje dag?"
"doesn't your kindness and patience make it even harder for him?"
"gör inte din vänlighet och tålamod det ännu svårare för honom?"
"aren't you forcing him to live in a hut with two old banana-eaters?"
"tvingar du honom inte att bo i en koja med två gamla bananätare?"
"old men to whom even rice is a delicacy"
"gamlingar för vilka till och med ris är en delikatess"
"old men whose thoughts can't be his"
"gamla män vars tankar inte kan vara hans"

"old men whose hearts are old and quiet"
"gamla män vars hjärtan är gamla och tysta"
"old men whose hearts beat in a different pace than his"
"gamla män vars hjärtan slår i en annan takt än hans"
"Isn't he forced and punished by all this?"
"Blir han inte tvingad och straffad av allt detta?"
Troubled, Siddhartha looked to the ground
Bekymrad tittade Siddhartha till marken
Quietly, he asked, "What do you think should I do?"
Tyst frågade han: "Vad tycker du ska jag göra?"
Vasudeva spoke, "Bring him into the city"
Vasudeva talade, "Ta in honom till staden"
"bring him into his mother's house"
"för honom in i hans mammas hus"
"there'll still be servants around, give him to them"
"det kommer fortfarande att finnas tjänare runt omkring, ge honom till dem"
"And if there aren't any servants, bring him to a teacher"
"Och om det inte finns några tjänare, ta honom till en lärare"
"but don't bring him to a teacher for teachings' sake"
"men ta honom inte till en lärare för lärornas skull"
"bring him to a teacher so that he is among other children"
"ta med honom till en lärare så att han är bland andra barn"
"and bring him to the world which is his own"
"och för honom till världen som är hans egen"
"have you never thought of this?"
"Har du aldrig tänkt på det här?"
"you're seeing into my heart," Siddhartha spoke sadly
"du ser in i mitt hjärta," sa Siddhartha sorgset
"Often, I have thought of this"
"Jag har ofta tänkt på det här"
"but how can I put him into this world?"
"men hur kan jag sätta honom i den här världen?"
"Won't he become exuberant?"
"Blir han inte bli sprudlande?"
"won't he lose himself to pleasure and power?"

"kommer han inte att förlora sig själv till njutning och makt?"
"won't he repeat all of his father's mistakes?"
"Kommer han inte att upprepa alla sin fars misstag?"
"won't he perhaps get entirely lost in Sansara?"
"kommer han inte att gå helt vilse i Sansara?"
Brightly, the ferryman's smile lit up
Ljust lyste färjemannens leende upp
softly, he touched Siddhartha's arm
mjukt rörde han vid Siddharthas arm
"Ask the river about it, my friend!"
"Fråga floden om det, min vän!"
"Hear the river laugh about it!"
"Hör floden skratta åt det!"
"Would you actually believe that you had committed your foolish acts?
"Skulle du verkligen tro att du hade begått dina dåraktiga handlingar?
"in order to spare your son from committing them too"
"för att bespara din son från att begå dem också"
"And could you in any way protect your son from Sansara?"
"Och kunde du på något sätt skydda din son från Sansara?"
"How could you protect him from Sansara?"
"Hur kunde du skydda honom från Sansara?"
"By means of teachings, prayer, admonition?"
"Med hjälp av läror, bön, förmaning?"
"My dear, have you entirely forgotten that story?"
"Min kära, har du helt glömt den historien?"
"the story containing so many lessons"
"berättelsen som innehåller så många lektioner"
"the story about Siddhartha, a Brahman's son"
"berättelsen om Siddhartha, en Brahmans son"
"the story which you once told me here on this very spot?"
"berättelsen som du en gång berättade för mig här på just den här platsen?"
"Who has kept the Samana Siddhartha safe from Sansara?"
"Vem har skyddat Samana Siddhartha från Sansara?"

"who has kept him from sin, greed, and foolishness?"
"vem har hållit honom från synd, girighet och dårskap?"
"Were his father's religious devotion able to keep him safe?"
"Kunde hans fars religiösa hängivenhet hålla honom säker?"
"were his teacher's warnings able to keep him safe?"
"kan hans lärares varningar hålla honom säker?"
"could his own knowledge keep him safe?"
"kan hans egen kunskap hålla honom säker?"
"was his own search able to keep him safe?"
"Har hans egen sökning kunnat hålla honom säker?"
"What father has been able to protect his son?"
"Vilken far har kunnat skydda sin son?"
"what father could keep his son from living his life for himself?"
"vilken far kunde hindra sin son från att leva sitt liv för sig själv?"
"what teacher has been able to protect his student?"
"vilken lärare har kunnat skydda sin elev?"
"what teacher can stop his student from soiling himself with life?"
"vilken lärare kan hindra sin elev från att smutsa ner sig själv med liv?"
"who could stop him from burdening himself with guilt?"
"vem kunde hindra honom från att belasta sig själv med skuld?"
"who could stop him from drinking the bitter drink for himself?"
"vem kunde hindra honom från att dricka den bittra drycken för sig själv?"
"who could stop him from finding his path for himself?"
"vem kunde hindra honom från att hitta sin väg själv?"
"did you think anybody could be spared from taking this path?"
"trodde du att någon kunde besparas från att ta den här vägen?"

"did you think that perhaps your little son would be spared?"
"tänkte du att din lille son kanske skulle bli skonad?"
"did you think your love could do all that?"
"trodde du att din kärlek kunde göra allt det där?"
"did you think your love could keep him from suffering"
"trodde du att din kärlek kunde hindra honom från att lida"
"did you think your love could protect him from pain and disappointment?
"Trodde du att din kärlek kunde skydda honom från smärta och besvikelse?
"you could die ten times for him"
"du kan dö tio gånger för honom"
"but you could take no part of his destiny upon yourself"
"men du kunde inte ta någon del av hans öde på dig"
Never before, Vasudeva had spoken so many words
Aldrig tidigare hade Vasudeva sagt så många ord
Kindly, Siddhartha thanked him
Snällt tackade Siddhartha honom
he went troubled into the hut
han gick orolig in i kojan

he could not sleep for a long time
han kunde inte sova på länge
Vasudeva had told him nothing he had not already thought and known
Vasudeva hade inte sagt något till honom som han inte redan hade tänkt och känt till
But this was a knowledge he could not act upon
Men detta var en kunskap han inte kunde agera på
stronger than knowledge was his love for the boy
starkare än kunskap var hans kärlek till pojken
stronger than knowledge was his tenderness
starkare än kunskap var hans ömhet
stronger than knowledge was his fear to lose him
starkare än kunskap var hans rädsla för att förlora honom

had he ever lost his heart so much to something?
hade han någonsin tappat sitt hjärta så mycket till något?
had he ever loved any person so blindly?
hade han någonsin älskat någon så blint?
had he ever suffered for someone so unsuccessfully?
hade han någonsin lidit för någon så misslyckat?
had he ever made such sacrifices for anyone and yet been so unhappy?
hade han någonsin gjort sådana uppoffringar för någon och ändå varit så olycklig?
Siddhartha could not heed his friend's advice
Siddhartha kunde inte lyssna på sin väns råd
he could not give up the boy
han kunde inte ge upp pojken
He let the boy give him orders
Han lät pojken ge honom order
he let him disregard him
han lät honom bortse från honom
He said nothing and waited
Han sa ingenting och väntade
daily, he attempted the struggle of friendliness
dagligen försökte han kampen för vänlighet
he initiated the silent war of patience
han inledde det tysta tålamodets krig
Vasudeva also said nothing and waited
Vasudeva sa heller ingenting och väntade
They were both masters of patience
De var båda mästare på tålamod

one time the boy's face reminded him very much of Kamala
en gång påminde pojkens ansikte honom mycket om Kamala
Siddhartha suddenly had to think of something Kamala had once said
Siddhartha var plötsligt tvungen att tänka på något som Kamala en gång hade sagt
"You cannot love" she had said to him

"Du kan inte älska" hade hon sagt till honom
and he had agreed with her
och han hade kommit överens med henne
and he had compared himself with a star
och han hade jämfört sig med en stjärna
and he had compared the childlike people with falling leaves
och han hade jämfört de barnsliga människorna med fallande löv
but nevertheless, he had also sensed an accusation in that line
men inte desto mindre hade han också anat en anklagelse i den raden
Indeed, he had never been able to love
Han hade faktiskt aldrig kunnat älska
he had never been able to devote himself completely to another person
han hade aldrig kunnat ägna sig helt åt en annan person
he had never been able to to forget himself
han hade aldrig kunnat glömma sig själv
he had never been able to commit foolish acts for the love of another person
han hade aldrig kunnat begå dåraktiga handlingar för någon annans kärlek
at that time it seemed to set him apart from the childlike people
på den tiden tycktes det skilja honom från de barnsliga människorna
But ever since his son was here, Siddhartha also become a childlike person
Men ända sedan hans son var här har Siddhartha också blivit en barnslig person
he was suffering for the sake of another person
han led för en annan persons skull
he was loving another person
han älskade en annan person

he was lost to a love for someone else
han förlorade sin kärlek till någon annan
he had become a fool on account of love
han hade blivit en dåre på grund av kärleken
Now he too felt the strongest and strangest of all passions
Nu kände också han den starkaste och märkligaste av alla passioner
he suffered from this passion miserably
han led av denna passion eländigt
and he was nevertheless in bliss
och han var ändå lycklig
he was nevertheless renewed in one respect
han förnyades likväl i ett avseende
he was enriched by this one thing
han berikades av denna enda sak
He sensed very well that this blind love for his son was a passion
Han kände mycket väl att denna blinda kärlek till sin son var en passion
he knew that it was something very human
han visste att det var något väldigt mänskligt
he knew that it was Sansara
han visste att det var Sansara
he knew that it was a murky source, dark waters
han visste att det var en grumlig källa, mörka vatten
but he felt it was not worthless, but necessary
men han kände att det inte var värdelöst, utan nödvändigt
it came from the essence of his own being
det kom från essensen av hans eget väsen
This pleasure also had to be atoned for
Detta nöje måste också sonas
this pain also had to be endured
denna smärta fick också utstå
these foolish acts also had to be committed
dessa dåraktiga handlingar måste också begås
Through all this, the son let him commit his foolish acts

Genom allt detta lät sonen honom begå sina dåraktiga handlingar
he let him court for his affection
han lät honom uppvakta för sin tillgivenhet
he let him humiliate himself every day
han lät honom förödmjuka sig själv varje dag
he gave in to the moods of his son
han gav efter för sin sons humör
his father had nothing which could have delighted him
hans far hade inget som kunde glädja honom
and he nothing that the boy feared
och han ingenting som pojken fruktade
He was a good man, this father
Han var en god man, den här pappan
he was a good, kind, soft man
han var en god, snäll, mjuk man
perhaps he was a very devout man
kanske var han en mycket troende man
perhaps he was a saint, the boy thought
kanske var han ett helgon, tänkte pojken
but all these attributes could not win the boy over
men alla dessa egenskaper kunde inte vinna pojken över
He was bored by this father, who kept him imprisoned
Han var uttråkad av denna far, som höll honom fängslad
a prisoner in this miserable hut of his
en fånge i denna hans eländiga hydda
he was bored of him answering every naughtiness with a smile
han var trött på att han svarade på varje stygghet med ett leende
he didn't appreciate insults being responded to by friendliness
han uppskattade inte att förolämpningar besvarades av vänlighet
he didn't like viciousness returned in kindness
han gillade inte ondska som återvände i vänlighet

this very thing was the hated trick of this old sneak
just det här var det hatade tricket med denna gamla smyg
Much more the boy would have liked it if he had been threatened by him
Mycket mer skulle pojken ha gillat om han blivit hotad av honom
he wanted to be abused by him
han ville bli misshandlad av honom

A day came when young Siddhartha had had enough
En dag kom då unga Siddhartha hade fått nog
what was on his mind came bursting forth
vad han tänkte på kom fram
and he openly turned against his father
och han vände sig öppet mot sin far
Siddhartha had given him a task
Siddhartha hade gett honom en uppgift
he had told him to gather brushwood
han hade sagt till honom att plocka buskved
But the boy did not leave the hut
Men pojken lämnade inte kojan
in stubborn disobedience and rage, he stayed where he was
i envis olydnad och raseri stannade han där han var
he thumped on the ground with his feet
han dunkade i marken med fötterna
he clenched his fists and screamed in a powerful outburst
han knöt nävarna och skrek i ett kraftfullt utbrott
he screamed his hatred and contempt into his father's face
han skrek sitt hat och förakt i sin fars ansikte
"Get the brushwood for yourself!" he shouted, foaming at the mouth
"Hämta penseln för dig själv!" skrek han och skummade om munnen
"I'm not your servant"
"Jag är inte din tjänare"
"I know that you won't hit me, you wouldn't dare"

"Jag vet att du inte slår mig, du skulle inte våga"
"I know that you constantly want to punish me"
"Jag vet att du ständigt vill straffa mig"
"you want to put me down with your religious devotion and your indulgence"
"du vill slå ner mig med din religiösa hängivenhet och din överseende"
"You want me to become like you"
"Du vill att jag ska bli som du"
"you want me to be just as devout, soft, and wise as you"
"du vill att jag ska vara lika andäktig, mjuk och klok som du"
"but I won't do it, just to make you suffer"
"men jag kommer inte att göra det, bara för att få dig att lida"
"I would rather become a highway-robber than be as soft as you"
"Jag skulle hellre bli en motorvägsrövare än att vara lika mjuk som du"
"I would rather be a murderer than be as wise as you"
"Jag skulle hellre vara en mördare än att vara lika klok som du"
"I would rather go to hell, than to become like you!"
"Jag går hellre åt helvete än att bli som du!"
"I hate you, you're not my father"
"Jag hatar dig, du är inte min pappa"
"even if you've slept with my mother ten times, you are not my father!"
"även om du har legat med min mamma tio gånger så är du inte min pappa!"
Rage and grief boiled over in him
Rage och sorg kokade över i honom
he foamed at his father in a hundred savage and evil words
han skummade åt sin far med hundra vilda och onda ord
Then the boy ran away into the forest
Sedan sprang pojken in i skogen
it was late at night when the boy returned
det var sent på natten när pojken kom tillbaka

But the next morning, he had disappeared
Men nästa morgon var han försvunnen
What had also disappeared was a small basket
Det som också hade försvunnit var en liten korg
the basket in which the ferrymen kept those copper and silver coins
korgen som färjemännen förvarade dessa koppar- och silvermynt i
the coins which they received as a fare
mynten som de fick som biljettpris
The boat had also disappeared
Båten hade också försvunnit
Siddhartha saw the boat lying by the opposite bank
Siddhartha såg båten ligga vid den motsatta stranden
Siddhartha had been shivering with grief
Siddhartha hade huttrat av sorg
the ranting speeches the boy had made touched him
de gnällande talen som pojken hade hållit berörde honom
"I must follow him," said Siddhartha
"Jag måste följa honom," sa Siddhartha
"A child can't go through the forest all alone, he'll perish"
"Ett barn kan inte gå genom skogen helt ensamt, det kommer att gå under"
"We must build a raft, Vasudeva, to get over the water"
"Vi måste bygga en flotte, Vasudeva, för att komma över vattnet"
"We will build a raft" said Vasudeva
"Vi kommer att bygga en flotte", sa Vasudeva
"we will build it to get our boat back"
"vi kommer att bygga den för att få tillbaka vår båt"
"But you shall not run after your child, my friend"
"Men du ska inte springa efter ditt barn, min vän"
"he is no child anymore"
"han är inget barn längre"
"he knows how to get around"
"han vet hur man tar sig runt"

"He's looking for the path to the city"
"Han letar efter vägen till staden"
"and he is right, don't forget that"
"och han har rätt, glöm inte det"
"he's doing what you've failed to do yourself"
"han gör det du själv har misslyckats med"
"he's taking care of himself"
"han tar hand om sig själv"
"he's taking his course for himself"
"han tar sin kurs för sig själv"
"Alas, Siddhartha, I see you suffering"
"Ack, Siddhartha, jag ser dig lida"
"but you're suffering a pain at which one would like to laugh"
"men du lider av en smärta som man skulle vilja skratta åt"
"you're suffering a pain at which you'll soon laugh yourself"
"du lider av en smärta som du själv snart kommer att skratta åt"
Siddhartha did not answer his friend
Siddhartha svarade inte sin vän
He already held the axe in his hands
Han höll redan yxan i sina händer
and he began to make a raft of bamboo
och han började göra en flotte av bambu
Vasudeva helped him to tie the canes together with ropes of grass
Vasudeva hjälpte honom att knyta ihop käpparna med gräsrep
When they crossed the river they drifted far off their course
När de korsade floden drev de långt från sin kurs
they pulled the raft upriver on the opposite bank
de drog flotten uppför floden på motsatta stranden
"Why did you take the axe along?" asked Siddhartha
"Varför tog du med yxan?" frågade Siddhartha
"It might have been possible that the oar of our boat got lost"
"Det kan ha varit möjligt att åran på vår båt tappat bort"

But Siddhartha knew what his friend was thinking
Men Siddhartha visste vad hans vän tänkte
He thought, the boy would have thrown away the oar
Han tänkte, pojken skulle ha kastat åran
in order to get some kind of revenge
för att få någon form av revansch
and in order to keep them from following him
och för att hindra dem från att följa honom
And in fact, there was no oar left in the boat
Och faktiskt fanns det ingen åra kvar i båten
Vasudeva pointed to the bottom of the boat
Vasudeva pekade på botten av båten
and he looked at his friend with a smile
och han tittade på sin vän med ett leende
he smiled as if he wanted to say something
han log som om han ville säga något
"Don't you see what your son is trying to tell you?"
"Ser du inte vad din son försöker berätta för dig?"
"Don't you see that he doesn't want to be followed?"
"Ser du inte att han inte vill bli förföljd?"
But he did not say this in words
Men han sa inte detta med ord
He started making a new oar
Han började göra en ny åra
But Siddhartha bid his farewell, to look for the run-away
Men Siddhartha tog farväl för att leta efter flykten
Vasudeva did not stop him from looking for his child
Vasudeva hindrade honom inte från att leta efter sitt barn

Siddhartha had been walking through the forest for a long time
Siddhartha hade gått genom skogen länge
the thought occurred to him that his search was useless
tanken slog honom att hans sökande var meningslöst
Either the boy was far ahead and had already reached the city

Antingen var pojken långt framme och hade redan nått staden
or he would conceal himself from him
annars skulle han dölja sig för honom
he continued thinking about his son
han fortsatte att tänka på sin son
he found that he was not worried for his son
han upptäckte att han inte var orolig för sin son
he knew deep inside that he had not perished
han visste innerst inne att han inte hade gått under
nor was he in any danger in the forest
inte heller var han i någon fara i skogen
Nevertheless, he ran without stopping
Ändå sprang han utan att stanna
he was not running to save him
han sprang inte för att rädda honom
he was running to satisfy his desire
han sprang för att tillfredsställa sin önskan
he wanted to perhaps see him one more time
han ville kanske se honom en gång till
And he ran up to just outside of the city
Och han sprang upp till strax utanför staden
When, near the city, he reached a wide road
När han, nära staden, nådde en bred väg
he stopped, by the entrance of the beautiful pleasure-garden
han stannade vid ingången till den vackra lustgården
the garden which used to belong to Kamala
trädgården som brukade tillhöra Kamala
the garden where he had seen her for the first time
trädgården där han hade sett henne för första gången
when she was sitting in her sedan-chair
när hon satt i sin sedan-stol
The past rose up in his soul
Det förflutna steg upp i hans själ
again, he saw himself standing there
återigen såg han sig själv stå där
a young, bearded, naked Samana

en ung, skäggig, naken Samana
his hair hair was full of dust
hans hår var fullt av damm
For a long time, Siddhartha stood there
Under en lång tid stod Siddhartha där
he looked through the open gate into the garden
han såg genom den öppna porten in i trädgården
he saw monks in yellow robes walking among the beautiful trees
han såg munkar i gula dräkter gå bland de vackra träden
For a long time, he stood there, pondering
Länge stod han där och grubblade
he saw images and listened to the story of his life
han såg bilder och lyssnade på sitt livs berättelse
For a long time, he stood there looking at the monks
Länge stod han där och tittade på munkarna
he saw young Siddhartha in their place
han såg unga Siddhartha i deras ställe
he saw young Kamala walking among the high trees
han såg unga Kamala gå bland de höga träden
Clearly, he saw himself being served food and drink by Kamala
Tydligt såg han sig själv bli serverad mat och dryck av Kamala
he saw himself receiving his first kiss from her
han såg sig själv få sin första kyss från henne
he saw himself looking proudly and disdainfully back on his life as a Brahman
han såg sig själv se stolt och föraktfullt tillbaka på sitt liv som brahman
he saw himself beginning his worldly life, proudly and full of desire
han såg sig själv börja sitt världsliga liv, stolt och full av begär
He saw Kamaswami, the servants, the orgies
Han såg Kamaswami, tjänarna, orgierna
he saw the gamblers with the dice
han såg spelarna med tärningarna

he saw Kamala's song-bird in the cage
han såg Kamalas sångfågel i buren
he lived through all this again
han levde igenom allt detta igen
he breathed Sansara and was once again old and tired
han andades Sansara och var återigen gammal och trött
he felt the disgust and the wish to annihilate himself again
han kände avskyn och önskan att förinta sig själv igen
and he was healed again by the holy Om
och han blev åter helad av den heliga Om
for a long time Siddhartha had stood by the gate
under en lång tid hade Siddhartha stått vid porten
he realised his desire was foolish
han insåg att hans önskan var dum
he realized it was foolishness which had made him go up to this place
han insåg att det var dårskap som hade fått honom att gå upp till denna plats
he realized he could not help his son
han insåg att han inte kunde hjälpa sin son
and he realized that he was not allowed to cling to him
och han insåg att han inte fick hålla fast vid honom
he felt the love for the run-away deeply in his heart
han kände kärleken till den flyktade djupt i sitt hjärta
the love for his son felt like a wound
kärleken till sin son kändes som ett sår
but this wound had not been given to him in order to turn the knife in it
men detta sår hade han inte fått för att vända kniven i den
the wound had to become a blossom
såret måste bli en blomma
and his wound had to shine
och hans sår fick lysa
That this wound did not blossom or shine yet made him sad
Att detta sår inte blommade eller lyste gjorde honom ledsen
Instead of the desired goal, there was emptiness

Istället för det önskade målet fanns det tomhet
emptiness had drawn him here, and sadly he sat down
tomheten hade dragit honom hit, och tyvärr satte han sig ner
he felt something dying in his heart
han kände att något dör i hans hjärta
he experienced emptiness and saw no joy any more
han upplevde tomhet och såg ingen glädje längre
there was no goal for which to aim for
det fanns inget mål att sikta på
He sat lost in thought and waited
Han satt i tankarna och väntade
This he had learned by the river
Detta hade han lärt sig vid floden
waiting, having patience, listening attentively
väntar, har tålamod, lyssnar uppmärksamt
And he sat and listened, in the dust of the road
Och han satt och lyssnade, i stoftet på vägen
he listened to his heart, beating tiredly and sadly
han lyssnade på sitt hjärta, slog trött och sorgset
and he waited for a voice
och han väntade på en röst
Many an hour he crouched, listening
Många timmar hukade han sig och lyssnade
he saw no images any more
han såg inga bilder längre
he fell into emptiness and let himself fall
han föll i tomhet och lät sig falla
he could see no path in front of him
han såg ingen stig framför sig
And when he felt the wound burning, he silently spoke the Om
Och när han kände såret bränna, talade han tyst om
he filled himself with Om
han fyllde sig med Om
The monks in the garden saw him
Munkarna i trädgården såg honom

dust was gathering on his gray hair
damm samlades på hans gråa hår
since he crouched for many hours, one of monks placed two bananas in front of him
eftersom han hukade i många timmar, placerade en av munkarna två bananer framför honom
The old man did not see him
Gubben såg honom inte

From this petrified state, he was awoken by a hand touching his shoulder
Från detta förstenade tillstånd väcktes han av en hand som rörde vid hans axel
Instantly, he recognised this tender bashful touch
Omedelbart kände han igen denna ömma blyga beröring
Vasudeva had followed him and waited
Vasudeva hade följt honom och väntat
he regained his senses and rose to greet Vasudeva
han återfick sina sinnen och reste sig för att hälsa på Vasudeva
he looked into Vasudeva's friendly face
han såg in i Vasudevas vänliga ansikte
he looked into the small wrinkles
han tittade in i de små rynkorna
his wrinkles were as if they were filled with nothing but his smile
hans rynkor var som om de var fyllda av ingenting annat än hans leende
he looked into the happy eyes, and then he smiled too
han såg in i de glada ögonen och sedan log han också
Now he saw the bananas lying in front of him
Nu såg han bananerna ligga framför sig
he picked the bananas up and gave one to the ferryman
han plockade upp bananerna och gav en till färjemannen
After eating the bananas, they silently went back into the forest
Efter att ha ätit bananerna gick de tysta tillbaka in i skogen

they returned home to the ferry
de återvände hem till färjan
Neither one talked about what had happened that day
Ingen av dem pratade om vad som hade hänt den dagen
neither one mentioned the boy's name
ingen av dem nämnde pojkens namn
neither one spoke about him running away
ingen talade om att han flydde
neither one spoke about the wound
ingen talade om såret
In the hut, Siddhartha lay down on his bed
I kojan lade sig Siddhartha på sin säng
after a while Vasudeva came to him
efter ett tag kom Vasudeva till honom
he offered him a bowl of coconut-milk
han erbjöd honom en skål med kokosmjölk
but he was already asleep
men han sov redan

Om

For a long time the wound continued to burn
Länge fortsatte såret att brinna
Siddhartha had to ferry many travellers across the river
Siddhartha var tvungen att färja många resenärer över floden
many of the travellers were accompanied by a son or a daughter
många av resenärerna hade sällskap av en son eller en dotter
and he saw none of them without envying them
och han såg ingen av dem utan att avundas dem
he couldn't see them without thinking about his lost son
han kunde inte se dem utan att tänka på sin förlorade son
"So many thousands possess the sweetest of good fortunes"
"Så många tusen har den sötaste lyckan"
"why don't I also possess this good fortune?"
"varför äger inte jag också denna lycka?"
"even thieves and robbers have children and love them"
"även tjuvar och rånare har barn och älskar dem"
"and they are being loved by their children"
"och de blir älskade av sina barn"
"all are loved by their children except for me"
"alla är älskade av sina barn utom jag"
he now thought like the childlike people, without reason
han tänkte nu som de barnsliga människorna, utan anledning
he had become one of the childlike people
han hade blivit en av de barnsliga människorna
he looked upon people differently than before
han såg på människor annorlunda än tidigare
he was less smart and less proud of himself
han var mindre smart och mindre stolt över sig själv
but instead, he was warmer and more curious
men istället var han varmare och mer nyfiken
when he ferried travellers, he was more involved than before
när han färjade resenärer var han mer engagerad än tidigare

childlike people, businessmen, warriors, women
barnsliga människor, affärsmän, krigare, kvinnor
these people did not seem alien to him, as they used to
dessa människor verkade inte främmande för honom, som de brukade göra
he understood them and shared their life
han förstod dem och delade deras liv
a life which was not guided by thoughts and insight
ett liv som inte styrdes av tankar och insikter
but a life guided solely by urges and wishes
men ett liv som enbart styrs av drifter och önskemål
he felt like the the childlike people
han kände sig som de barnsliga människorna
he was bearing his final wound
han bar sitt sista sår
he was nearing perfection
han närmade sig perfektion
but the childlike people still seemed like his brothers
men de barnsliga människorna verkade ändå som hans bröder
their vanities, desires for possession were no longer ridiculous to him
deras fåfänga, begär efter besittning var inte längre löjliga för honom
they became understandable and lovable
de blev begripliga och älskvärda
they even became worthy of veneration to him
de blev till och med värda att vörda honom
The blind love of a mother for her child
En mammas blinda kärlek till sitt barn
the stupid, blind pride of a conceited father for his only son
en inbilsk fars dumma, blinda stolthet över sin ende son
the blind, wild desire of a young, vain woman for jewellery
en ung, fåfäng kvinnas blinda, vilda begär efter smycken
her wish for admiring glances from men
hennes önskan om beundrande blickar från män
all of these simple urges were not childish notions

alla dessa enkla drifter var inte barnsliga föreställningar
but they were immensely strong, living, and prevailing urges
men de var oerhört starka, levande och rådande drifter
he saw people living for the sake of their urges
han såg människor leva för sina drifters skull
he saw people achieving rare things for their urges
han såg människor uppnå sällsynta saker för sina drifter
travelling, conducting wars, suffering
resa, föra krig, lida
they bore an infinite amount of suffering
de bar på oändligt mycket lidande
and he could love them for it, because he saw life
och han kunde älska dem för det, eftersom han såg livet
that what is alive was in each of their passions
att det som är levande fanns i var och en av deras passioner
that what is is indestructible was in their urges, the Brahman
att det som är oförstörbart låg i deras drifter, Brahmanen
these people were worthy of love and admiration
dessa människor var värda kärlek och beundran
they deserved it for their blind loyalty and blind strength
de förtjänade det för sin blinda lojalitet och blinda styrka
there was nothing that they lacked
det var inget som de saknade
Siddhartha had nothing which would put him above the rest, except one thing
Siddhartha hade ingenting som skulle sätta honom över resten, förutom en sak
there still was a small thing he had which they didn't
det fanns fortfarande en liten sak han hade som de inte hade
he had the conscious thought of the oneness of all life
han hade den medvetna tanken på allt livs enhet
but Siddhartha even doubted whether this knowledge should be valued so highly
men Siddhartha tvivlade till och med på om denna kunskap borde värderas så högt

it might also be a childish idea of the thinking people
det kan också vara en barnslig uppfattning om de tänkande
människorna
the worldly people were of equal rank to the wise men
det världsliga folket var av samma rang som de vise männen
animals too can in some moments seem to be superior to humans
Även djur kan i vissa ögonblick tyckas vara överlägsna
människor
they are superior in their tough, unrelenting performance of what is necessary
de är överlägsna i sin tuffa, obönhörliga prestation av vad som
är nödvändigt
an idea slowly blossomed in Siddhartha
en idé blomstrade sakta i Siddhartha
and the idea slowly ripened in him
och idén mognade sakta hos honom
he began to see what wisdom actually was
han började se vad visdom egentligen var
he saw what the goal of his long search was
han såg vad målet med hans långa sökande var
his search was nothing but a readiness of the soul
hans sökande var inget annat än själens beredskap
a secret art to think every moment, while living his life
en hemlig konst att tänka varje ögonblick, samtidigt som han
lever sitt liv
it was the thought of oneness
det var tanken på enhet
to be able to feel and inhale the oneness
att kunna känna och andas in enheten
Slowly this awareness blossomed in him
Långsamt blomstrade denna medvetenhet i honom
it was shining back at him from Vasudeva's old, childlike face
det lyste tillbaka mot honom från Vasudevas gamla, barnsliga
ansikte

harmony and knowledge of the eternal perfection of the world
harmoni och kunskap om världens eviga perfektion
smiling and to be part of the oneness
leende och att vara en del av enheten
But the wound still burned
Men såret brann fortfarande
longingly and bitterly Siddhartha thought of his son
längtansfullt och bittert tänkte Siddhartha på sin son
he nurtured his love and tenderness in his heart
han närde sin kärlek och ömhet i sitt hjärta
he allowed the pain to gnaw at him
han lät smärtan gnaga i sig
he committed all foolish acts of love
han begick alla dåraktiga kärlekshandlingar
this flame would not go out by itself
denna låga skulle inte slockna av sig själv

one day the wound burned violently
en dag brann såret våldsamt
driven by a yearning, Siddhartha crossed the river
driven av en längtan korsade Siddhartha floden
he got off the boat and was willing to go to the city
han steg av båten och var villig att åka till staden
he wanted to look for his son again
han ville leta efter sin son igen
The river flowed softly and quietly
Floden rann mjukt och stilla
it was the dry season, but its voice sounded strange
det var torrperioden, men dess röst lät konstigt
it was clear to hear that the river laughed
det var tydligt att höra att floden skrattade
it laughed brightly and clearly at the old ferryman
det skrattade ljust och tydligt åt den gamle färjemannen
he bent over the water, in order to hear even better
han böjde sig över vattnet för att höra ännu bättre

and he saw his face reflected in the quietly moving waters
och han såg sitt ansikte speglat sig i det tyst rörliga vattnet
in this reflected face there was something
i detta reflekterade ansikte fanns det något
something which reminded him, but he had forgotten
något som påminde honom, men han hade glömt
as he thought about it, he found it
när han tänkte på det, fann han det
this face resembled another face which he used to know and love
detta ansikte liknade ett annat ansikte som han brukade känna och älska
but he also used to fear this face
men han brukade också frukta detta ansikte
It resembled his father's face, the Brahman
Det liknade hans fars ansikte, Brahmanen
he remembered how he had forced his father to let him go
han kom ihåg hur han hade tvingat sin far att släppa honom
he remembered how he had bid his farewell to him
han mindes hur han hade tagit farväl av honom
he remembered how he had gone and had never come back
han kom ihåg hur han hade gått och aldrig kommit tillbaka
Had his father not also suffered the same pain for him?
Hade inte hans far också lidit samma smärta för honom?
was his father's pain not the pain Siddhartha is suffering now?
var inte hans fars smärta smärtan som Siddhartha lider nu?
Had his father not long since died?
Hade inte hans far dött för länge sedan?
had he died without having seen his son again?
hade han dött utan att ha sett sin son igen?
Did he not have to expect the same fate for himself?
Behövde han inte förvänta sig samma öde för sig själv?
Was it not a comedy in a fateful circle?
Var det inte en komedi i en ödesdiger krets?
The river laughed about all of this

Floden skrattade åt allt detta
everything came back which had not been suffered
allt kom tillbaka som inte hade lidit
everything came back which had not been solved
allt kom tillbaka som inte hade lösts
the same pain was suffered over and over again
samma smärta drabbades om och om igen
Siddhartha went back into the boat
Siddhartha gick tillbaka in i båten
and he returned back to the hut
och han gick tillbaka till hyddan
he was thinking of his father and of his son
han tänkte på sin far och på sin son
he thought of having been laughed at by the river
han tänkte på att ha blivit utskrattad vid floden
he was at odds with himself and tending towards despair
han var i strid med sig själv och tenderade mot förtvivlan
but he was also tempted to laugh
men han var också frestad att skratta
he could laugh at himself and the entire world
han kunde skratta åt sig själv och hela världen
Alas, the wound was not blossoming yet
Tyvärr hade såret inte blommat ännu
his heart was still fighting his fate
hans hjärta kämpade fortfarande mot hans öde
cheerfulness and victory were not yet shining from his suffering
munterhet och seger lyste ännu inte av hans lidande
Nevertheless, he felt hope along with the despair
Ändå kände han hopp tillsammans med förtvivlan
once he returned to the hut he felt an undefeatable desire to open up to Vasudeva
när han väl återvände till kojan kände han en obesegrad önskan att öppna sig för Vasudeva
he wanted to show him everything
han ville visa honom allt

he wanted to say everything to the master of listening
han ville säga allt till mästaren att lyssna

Vasudeva was sitting in the hut, weaving a basket
Vasudeva satt i kojan och vävde en korg
He no longer used the ferry-boat
Han använde inte längre färjan
his eyes were starting to get weak
hans ögon började bli svaga
his arms and hands were getting weak as well
hans armar och händer blev också svaga
only the joy and cheerful benevolence of his face was unchanging
bara glädjen och glada välviljan i hans ansikte var oföränderlig
Siddhartha sat down next to the old man
Siddhartha satte sig bredvid den gamle mannen
slowly, he started talking about what they had never spoke about
långsamt började han prata om det de aldrig hade pratat om
he told him of his walk to the city
han berättade om sin promenad till staden
he told at him of the burning wound
han berättade för honom om det brinnande såret
he told him about the envy of seeing happy fathers
han berättade för honom om avundsjukan att se lyckliga fäder
his knowledge of the foolishness of such wishes
hans kunskap om det dåraktiga i sådana önskemål
his futile fight against his wishes
hans meningslösa kamp mot hans önskningar
he was able to say everything, even the most embarrassing parts
han kunde säga allt, även de mest pinsamma delarna
he told him everything he could tell him
han berättade allt han kunde berätta för honom
he showed him everything he could show him

han visade honom allt han kunde visa honom
He presented his wound to him
Han presenterade sitt sår för honom
he also told him how he had fled today
han berättade också hur han hade flytt idag
he told him how he ferried across the water
han berättade hur han färjade över vattnet
a childish run-away, willing to walk to the city
en barnslig flykt, villig att gå till stan
and he told him how the river had laughed
och han berättade för honom hur floden hade skrattat
he spoke for a long time
han talade länge
Vasudeva was listening with a quiet face
Vasudeva lyssnade med ett tyst ansikte
Vasudeva's listening gave Siddhartha a stronger sensation than ever before
Vasudevas lyssnande gav Siddhartha en starkare känsla än någonsin tidigare
he sensed how his pain and fears flowed over to him
han kände hur hans smärta och rädsla strömmade över till honom
he sensed how his secret hope flowed over him
han anade hur hans hemliga hopp flödade över honom
To show his wound to this listener was the same as bathing it in the river
Att visa sitt sår för denna lyssnare var detsamma som att bada det i floden
the river would have cooled Siddhartha's wound
floden skulle ha kylt Siddharthas sår
the quiet listening cooled Siddhartha's wound
det tysta lyssnandet kylde Siddharthas sår
it cooled him until he become one with the river
det kylde honom tills han blev ett med floden
While he was still speaking, still admitting and confessing

Medan han fortfarande talade, erkände han fortfarande och erkände
Siddhartha felt more and more that this was no longer Vasudeva
Siddhartha kände mer och mer att detta inte längre var Vasudeva
it was no longer a human being who was listening to him
det var inte längre en människa som lyssnade på honom
this motionless listener was absorbing his confession into himself
denna orörliga lyssnare absorberade sin bekännelse i sig själv
this motionless listener was like a tree the rain
denna orörliga lyssnare var som ett träd regnet
this motionless man was the river itself
denna orörliga man var själva floden
this motionless man was God himself
denna orörliga man var Gud själv
the motionless man was the eternal itself
den orörliga människan var den eviga själv
Siddhartha stopped thinking of himself and his wound
Siddhartha slutade tänka på sig själv och sitt sår
this realisation of Vasudeva's changed character took possession of him
denna insikt om Vasudevas förändrade karaktär tog honom i besittning
and the more he entered into it, the less wondrous it became
och ju mer han gick in i det, desto mindre underbart blev det
the more he realised that everything was in order and natural
desto mer insåg han att allt var i sin ordning och naturligt
he realised that Vasudeva had already been like this for a long time
han insåg att Vasudeva redan hade varit så här länge
he had just not quite recognised it yet
han hade bara inte riktigt känt igen det än
yes, he himself had almost reached the same state

ja, själv hade han nästan nått samma tillstånd
He felt, that he was now seeing old Vasudeva as the people see the gods
Han kände att han nu såg gamla Vasudeva när folket ser gudarna
and he felt that this could not last
och han kände att detta inte kunde hålla
in his heart, he started bidding his farewell to Vasudeva
i sitt hjärta började han ta farväl av Vasudeva
Throughout all this, he talked incessantly
Under allt detta pratade han oavbrutet
When he had finished talking, Vasudeva turned his friendly eyes at him
När han hade pratat färdigt vände Vasudeva sina vänliga blickar mot honom
the eyes which had grown slightly weak
ögonen som blivit något svaga
he said nothing, but let his silent love and cheerfulness shine
han sa ingenting, men lät sin tysta kärlek och glädje lysa
his understanding and knowledge shone from him
hans förståelse och kunskap lyste från honom
He took Siddhartha's hand and led him to the seat by the bank
Han tog Siddharthas hand och ledde honom till sätet vid banken
he sat down with him and smiled at the river
han satte sig med honom och log mot floden
"You've heard it laugh," he said
"Du har hört det skratta", sa han
"But you haven't heard everything"
"Men du har inte hört allt"
"Let's listen, you'll hear more"
"Låt oss lyssna, du kommer att höra mer"
Softly sounded the river, singing in many voices
Lätt ljöd floden och sjöng med många röster

Siddhartha looked into the water
Siddhartha tittade ut i vattnet
images appeared to him in the moving water
bilder visade sig för honom i det rörliga vattnet
his father appeared, lonely and mourning for his son
hans far dök upp, ensam och sörjande över sin son
he himself appeared in the moving water
han själv dök upp i det rörliga vattnet
he was also being tied with the bondage of yearning to his distant son
han var också bunden av längtans träldom till sin avlägsna son
his son appeared, lonely as well
hans son dök upp, ensam också
the boy, greedily rushing along the burning course of his young wishes
pojken, som girigt rusar längs sina unga önskningars brinnande kurs
each one was heading for his goal
var och en var på väg mot sitt mål
each one was obsessed by the goal
var och en var besatt av målet
each one was suffering from the pursuit
var och en led av jakten
The river sang with a voice of suffering
Floden sjöng med lidandets röst
longingly it sang and flowed towards its goal
längtan sjöng den och rann mot sitt mål
"Do you hear?" Vasudeva asked with a mute gaze
"Hör du?" frågade Vasudeva med en stum blick
Siddhartha nodded in reply
Siddhartha nickade som svar
"Listen better!" Vasudeva whispered
"Lyssna bättre!" Viskade Vasudeva
Siddhartha made an effort to listen better
Siddhartha ansträngde sig för att lyssna bättre

The image of his father appeared
Bilden av hans far dök upp
his own image merged with his father's
hans egen bild smälte samman med hans fars
the image of his son merged with his image
bilden av hans son smälte samman med hans bild
Kamala's image also appeared and was dispersed
Kamalas bild dök också upp och skingrades
and the image of Govinda, and other images
och bilden av Govinda, och andra bilder
and all the imaged merged with each other
och alla bilder smälte samman med varandra
all the imaged turned into the river
alla avbildade förvandlades till floden
being the river, they all headed for the goal
eftersom floden var på väg mot målet
longing, desiring, suffering flowed together
längtan, begäret, lidandet flöt ihop
and the river's voice sounded full of yearning
och flodens röst lät full av längtan
the river's voice was full of burning woe
flodens röst var full av brinnande ve
the river's voice was full of unsatisfiable desire
flodens röst var full av otillfredsställande begär
For the goal, the river was heading
För målet var floden på väg
Siddhartha saw the river hurrying towards its goal
Siddhartha såg floden skynda mot sitt mål
the river of him and his loved ones and of all people he had ever seen
floden av honom och hans nära och kära och av alla människor han någonsin sett
all of these waves and waters were hurrying
alla dessa vågor och vatten skyndade sig
they were all suffering towards many goals
de led alla mot många mål

the waterfall, the lake, the rapids, the sea
vattenfallet, sjön, forsen, havet
and all goals were reached
och alla mål nåddes
and every goal was followed by a new one
och varje mål följdes av ett nytt
and the water turned into vapour and rose to the sky
och vattnet förvandlades till ånga och steg till himlen
the water turned into rain and poured down from the sky
vattnet förvandlades till regn och öste ner från himlen
the water turned into a source
vattnet förvandlades till en källa
then the source turned into a stream
sedan förvandlades källan till en bäck
the stream turned into a river
bäcken förvandlades till en flod
and the river headed forwards again
och floden gick framåt igen
But the longing voice had changed
Men den längtande rösten hade förändrats
It still resounded, full of suffering, searching
Det ljöd fortfarande, fullt av lidande, sökande
but other voices joined the river
men andra röster anslöt sig till floden
there were voices of joy and of suffering
det fanns röster om glädje och lidande
good and bad voices, laughing and sad ones
bra och dåliga röster, skrattande och ledsna
a hundred voices, a thousand voices
hundra röster, tusen röster
Siddhartha listened to all these voices
Siddhartha lyssnade på alla dessa röster
He was now nothing but a listener
Han var nu inget annat än en lyssnare
he was completely concentrated on listening
han var helt koncentrerad på att lyssna

he was completely empty now
han var helt tom nu
he felt that he had now finished learning to listen
han kände att han nu hade lärt sig att lyssna färdigt
Often before, he had heard all this
Ofta tidigare hade han hört allt detta
he had heard these many voices in the river
han hade hört dessa många röster i floden
today the voices in the river sounded new
idag lät rösterna i floden nya
Already, he could no longer tell the many voices apart
Redan nu kunde han inte längre skilja de många rösterna åt
there was no difference between the happy voices and the weeping ones
det var ingen skillnad mellan de glada rösterna och de gråtande
the voices of children and the voices of men were one
barnens röster och männens röster var en
all these voices belonged together
alla dessa röster hörde ihop
the lamentation of yearning and the laughter of the knowledgeable one
längtans klagan och den kunniges skratt
the scream of rage and the moaning of the dying ones
skriket av raseri och stönandet från de döende
everything was one and everything was intertwined
allt var ett och allt var sammanflätat
everything was connected and entangled a thousand times
allt var sammankopplat och intrasslat tusen gånger
everything together, all voices, all goals
allt tillsammans, alla röster, alla mål
all yearning, all suffering, all pleasure
all längtan, allt lidande, all njutning
all that was good and evil
allt som var gott och ont
all of this together was the world

allt detta tillsammans var världen
All of it together was the flow of events
Allt tillsammans var flödet av händelser
all of it was the music of life
allt var livets musik
when Siddhartha was listening attentively to this river
när Siddhartha lyssnade uppmärksamt på denna flod
the song of a thousand voices
sången om tusen röster
when he neither listened to the suffering nor the laughter
när han varken lyssnade på lidandet eller skratten
when he did not tie his soul to any particular voice
när han inte band sin själ till någon speciell röst
when he submerged his self into the river
när han sänkte sig själv i floden
but when he heard them all he perceived the whole, the oneness
men när han hörde dem alla, förstod han helheten, enheten
then the great song of the thousand voices consisted of a single word
då bestod den stora sången om de tusen rösterna av ett enda ord
this word was Om; the perfection
detta ord var Om; perfektionen

"**Do you hear**" **Vasudeva's gaze asked again**
"Hör du" frågade Vasudevas blick igen
Brightly, Vasudeva's smile was shining
Ljust, Vasudevas leende lyste
it was floating radiantly over all the wrinkles of his old face
den svävade strålande över alla rynkor i hans gamla ansikte
the same way the Om was floating in the air over all the voices of the river
på samma sätt som Omen svävade i luften över flodens alla röster
Brightly his smile was shining, when he looked at his friend

Hans leende lyste starkt när han tittade på sin vän
and brightly the same smile was now starting to shine on Siddhartha's face
och klart samma leende började nu lysa på Siddharthas ansikte
His wound had blossomed and his suffering was shining
Hans sår hade blommat ut och hans lidande lyste
his self had flown into the oneness
hans jag hade flugit in i enheten
In this hour, Siddhartha stopped fighting his fate
I denna timme slutade Siddhartha att bekämpa sitt öde
at the same time he stopped suffering
samtidigt slutade han att lida
On his face flourished the cheerfulness of a knowledge
I hans ansikte blomstrade en kunskaps munterhet
a knowledge which was no longer opposed by any will
en kunskap som inte längre motarbetades av någon vilja
a knowledge which knows perfection
en kunskap som känner till perfektion
a knowledge which is in agreement with the flow of events
en kunskap som stämmer överens med händelseflödet
a knowledge which is with the current of life
en kunskap som är med livets ström
full of sympathy for the pain of others
full av sympati för andras smärta
full of sympathy for the pleasure of others
full av sympati för andras nöje
devoted to the flow, belonging to the oneness
hängiven till flödet, tillhörande enheten
Vasudeva rose from the seat by the bank
Vasudeva reste sig från sätet vid banken
he looked into Siddhartha's eyes
han såg in i Siddharthas ögon
and he saw the cheerfulness of the knowledge shining in his eyes
och han såg glädjen i kunskapen lysa i hans ögon

he softly touched his shoulder with his hand
han rörde mjukt vid axeln med handen
"I've been waiting for this hour, my dear"
"Jag har väntat på den här timmen, min kära"
"Now that it has come, let me leave"
"Nu när det har kommit, låt mig gå"
"For a long time, I've been waiting for this hour"
"Länge har jag väntat på den här timmen"
"for a long time, I've been Vasudeva the ferryman"
"under en lång tid har jag varit Vasudeva färjemannen"
"Now it's enough. Farewell"
"Nu är det nog. Farväl"
"farewell river, farewell Siddhartha!"
"farväl flod, farväl Siddhartha!"
Siddhartha made a deep bow before him who bid his farewell
Siddhartha gjorde en djup bugning inför honom som tog farväl
"I've known it," he said quietly
"Jag har vetat det", sa han tyst
"You'll go into the forests?"
"Ska du gå in i skogarna?"
"I'm going into the forests"
"Jag går in i skogarna"
"I'm going into the oneness" spoke Vasudeva with a bright smile
"Jag går in i enheten" sa Vasudeva med ett ljust leende
With a bright smile, he left
Med ett ljust leende gick han därifrån
Siddhartha watched him leaving
Siddhartha såg honom gå
With deep joy, with deep solemnity he watched him leave
Med djup glädje, med djup högtidlighet såg han honom gå
he saw his steps were full of peace
han såg att hans steg var fulla av frid
he saw his head was full of lustre

han såg att hans huvud var fullt av lyster
he saw his body was full of light
han såg att hans kropp var full av ljus

Govinda

Govinda had been with the monks for a long time
Govinda hade varit med munkarna länge
when not on pilgrimages, he spent his time in the pleasure-garden
när han inte var på pilgrimsfärd tillbringade han sin tid i lustgården
the garden which the courtesan Kamala had given the followers of Gotama
trädgården som kurtisanen Kamala hade gett Gotamas anhängare
he heard talk of an old ferryman, who lived a day's journey away
han hörde talas om en gammal färjeman, som bodde en dagsresa bort
he heard many regarded him as a wise man
han hörde att många betraktade honom som en vis man
When Govinda went back, he chose the path to the ferry
När Govinda gick tillbaka valde han vägen till färjan
he was eager to see the ferryman
han var ivrig att se färjemannen
he had lived his entire life by the rules
han hade levt hela sitt liv efter reglerna
he was looked upon with veneration by the younger monks
han betraktades med vördnad av de yngre munkarna
they respected his age and modesty
de respekterade hans ålder och blygsamhet
but his restlessness had not perished from his heart

men hans rastlöshet hade inte försvunnit från hans hjärta
he was searching for what he had not found
han letade efter det han inte hade hittat
He came to the river and asked the old man to ferry him over
Han kom till floden och bad den gamle att färja honom över
when they got off the boat on the other side, he spoke with the old man
när de klev av båten på andra sidan talade han med gubben

"You're very good to us monks and pilgrims"
"Du är mycket god mot oss munkar och pilgrimer"
"you have ferried many of us across the river"
"du har färjat många av oss över floden"
"Aren't you too, ferryman, a searcher for the right path?"
"Är inte du också, färjeman, en sökare efter den rätta vägen?"
smiling from his old eyes, Siddhartha spoke
leende från sina gamla ögon talade Siddhartha
"oh venerable one, do you call yourself a searcher?"
"Åh ärevördiga, kallar du dig själv en sökare?"
"are you still a searcher, although already well in years?"
"är du fortfarande en sökare, fastän du redan har gått bra på flera år?"
"do you search while wearing the robe of Gotama's monks?"
"letar du när du bär klädseln från Gotamas munkar?"
"It's true, I'm old," spoke Govinda
"Det är sant, jag är gammal", sa Govinda
"but I haven't stopped searching"
"men jag har inte slutat leta"
"I will never stop searching"
"Jag kommer aldrig sluta leta"
"this seems to be my destiny"
"det här verkar vara mitt öde"
"You too, so it seems to me, have been searching"
"Du också, så det verkar för mig, har letat"
"Would you like to tell me something, oh honourable one?"
"Vill du berätta något för mig, herre?"

"What might I have that I could tell you, oh venerable one?"
"Vad kan jag ha som jag skulle kunna säga dig, o ärevärde?"
"Perhaps I could tell you that you're searching far too much?"
"Jag kanske kan säga att du letar alldeles för mycket?"
"Could I tell you that you don't make time for finding?"
"Ska jag säga att du inte hinner hitta?"
"How come?" asked Govinda
"Hur kommer det sig?" frågade Govinda
"When someone is searching they might only see what they search for"
"När någon söker kanske de bara ser det de söker efter"
"he might not be able to let anything else enter his mind"
"han kanske inte kan låta något annat komma in i hans sinne"
"he doesn't see what he is not searching for"
"han ser inte vad han inte letar efter"
"because he always thinks of nothing but the object of his search"
"eftersom han alltid tänker på ingenting annat än föremålet för sitt sökande"
"he has a goal, which he is obsessed with"
"han har ett mål som han är besatt av"
"Searching means having a goal"
"Att söka betyder att ha ett mål"
"But finding means being free, open, and having no goal"
"Men att hitta betyder att vara fri, öppen och inte ha något mål"
"You, oh venerable one, are perhaps indeed a searcher"
"Du, vördnadsvärde, är kanske verkligen en sökare"
"because, when striving for your goal, there are many things you don't see"
"för när du strävar efter ditt mål, finns det många saker du inte ser"
"you might not see things which are directly in front of your eyes"
"du kanske inte ser saker som är direkt framför dina ögon"

"I don't quite understand yet," said Govinda, "what do you mean by this?"
"Jag förstår inte riktigt än," sa Govinda, "vad menar du med det här?"
"oh venerable one, you've been at this river before, a long time ago"
"åh ärevördiga, du har varit vid den här floden förut, för länge sedan"
"and you have found a sleeping man by the river"
"och du har hittat en sovande man vid floden"
"you have sat down with him to guard his sleep"
"du har satt dig ner med honom för att vakta hans sömn"
"but, oh Govinda, you did not recognise the sleeping man"
"men åh Govinda, du kände inte igen den sovande mannen"
Govinda was astonished, as if he had been the object of a magic spell
Govinda var förvånad, som om han hade varit föremål för en magisk besvärjelse
the monk looked into the ferryman's eyes
munken såg in i färjemannens ögon
"Are you Siddhartha?" he asked with a timid voice
"Är du Siddhartha?" frågade han med blyg röst
"I wouldn't have recognised you this time either!"
"Jag skulle inte ha känt igen dig den här gången heller!"
"from my heart, I'm greeting you, Siddhartha"
"från mitt hjärta, jag hälsar dig, Siddhartha"
"from my heart, I'm happy to see you once again!"
"av mitt hjärta, jag är glad att se dig igen!"
"You've changed a lot, my friend"
"Du har förändrats mycket, min vän"
"and you've now become a ferryman?"
"och du har nu blivit färjeman?"
In a friendly manner, Siddhartha laughed
På ett vänligt sätt skrattade Siddhartha
"yes, I am a ferryman"
"ja, jag är en färjeman"

"Many people, Govinda, have to change a lot"
"Många människor, Govinda, måste förändras mycket"
"they have to wear many robes"
"de måste ha många kläder"
"I am one of those who had to change a lot"
"Jag är en av dem som fick förändras mycket"
"Be welcome, Govinda, and spend the night in my hut"
"Välkommen, Govinda, och tillbringa natten i min hydda"
Govinda stayed the night in the hut
Govinda övernattade i kojan
he slept on the bed which used to be Vasudeva's bed
han sov på sängen som brukade vara Vasudevas säng
he posed many questions to the friend of his youth
han ställde många frågor till sin ungdoms vän
Siddhartha had to tell him many things from his life
Siddhartha var tvungen att berätta många saker för honom från hans liv

then the next morning came
så kom nästa morgon
the time had come to start the day's journey
det var dags att börja dagens resa
without hesitation, Govinda asked one more question
utan att tveka ställde Govinda ytterligare en fråga
"Before I continue on my path, Siddhartha, permit me to ask one more question"
"Innan jag fortsätter på min väg, Siddhartha, tillåt mig att ställa en fråga till"
"Do you have a teaching that guides you?"
"Har du en undervisning som vägleder dig?"
"Do you have a faith or a knowledge you follow"
"Har du en tro eller en kunskap du följer"
"is there a knowledge which helps you to live and do right?"
"finns det en kunskap som hjälper dig att leva och göra rätt?"
"You know well, my dear, I have always been distrustful of teachers"

"Du vet väl, min kära, jag har alltid varit misstroende mot lärare"
"as a young man I already started to doubt teachers"
"som ung började jag redan tvivla på lärare"
"when we lived with the penitents in the forest, I distrusted their teachings"
"när vi bodde med de ångerfulla i skogen, misstrodde jag deras läror"
"and I turned my back to them"
"och jag vände ryggen till dem"
"I have remained distrustful of teachers"
"Jag har förblivit misstroende mot lärare"
"Nevertheless, I have had many teachers since then"
"Ändå har jag haft många lärare sedan dess"
"A beautiful courtesan has been my teacher for a long time"
"En vacker kurtisan har varit min lärare länge"
"a rich merchant was my teacher"
"en rik köpman var min lärare"
"and some gamblers with dice taught me"
"och några spelare med tärningar lärde mig"
"Once, even a follower of Buddha has been my teacher"
"En gång har till och med en anhängare av Buddha varit min lärare"
"he was travelling on foot, pilgering"
"han reste till fots och pilrade"
"and he sat with me when I had fallen asleep in the forest"
"och han satt med mig när jag hade somnat i skogen"
"I've also learned from him, for which I'm very grateful"
"Jag har också lärt mig av honom, vilket jag är väldigt tacksam för"
"But most of all, I have learned from this river"
"Men mest av allt har jag lärt mig av den här floden"
"and I have learned most from my predecessor, the ferryman Vasudeva"
"och jag har lärt mig det mesta av min föregångare, färjemannen Vasudeva"

"He was a very simple person, Vasudeva, he was no thinker"
"Han var en väldigt enkel person, Vasudeva, han var ingen tänkare"
"but he knew what is necessary just as well as Gotama"
"men han visste vad som är nödvändigt lika bra som Gotama"
"he was a perfect man, a saint"
"han var en perfekt man, ett helgon"
"Siddhartha still loves to mock people, it seems to me"
"Siddhartha älskar fortfarande att håna människor, det verkar det som"
"I believe in you and I know that you haven't followed a teacher"
"Jag tror på dig och jag vet att du inte har följt en lärare"
"But haven't you found something by yourself?"
"Men har du inte hittat något själv?"
"though you've found no teachings, you still found certain thoughts"
"även om du inte har hittat några läror, har du ändå hittat vissa tankar"
"certain insights, which are your own"
"vissa insikter, som är dina egna"
"insights which help you to live"
"insikter som hjälper dig att leva"
"Haven't you found something like this?"
"Har du inte hittat något sånt här?"
"If you would like to tell me, you would delight my heart"
"Om du vill berätta för mig, skulle du glädja mitt hjärta"
"you are right, I have had thoughts and gained many insights"
"du har rätt, jag har haft tankar och fått många insikter"
"Sometimes I have felt knowledge in me for an hour"
"Ibland har jag känt kunskap i mig i en timme"
"at other times I have felt knowledge in me for an entire day"
"vid andra tillfällen har jag känt kunskap i mig under en hel dag"

"the same knowledge one feels when one feels life in one's heart"
"samma kunskap man känner när man känner livet i sitt hjärta"
"There have been many thoughts"
"Det har varit många tankar"
"but it would be hard for me to convey these thoughts to you"
"men det skulle vara svårt för mig att förmedla dessa tankar till dig"
"my dear Govinda, this is one of my thoughts which I have found"
"min kära Govinda, det här är en av mina tankar som jag har hittat"
"wisdom cannot be passed on"
"visdom kan inte föras vidare"
"Wisdom which a wise man tries to pass on always sounds like foolishness"
"Visdom som en vis man försöker förmedla låter alltid som dårskap"
"Are you kidding?" asked Govinda
"Skämtar du?" frågade Govinda
"I'm not kidding, I'm telling you what I have found"
"Jag skojar inte, jag berättar vad jag har hittat"
"Knowledge can be conveyed, but wisdom can't"
"Kunskap kan förmedlas, men visdom kan inte"
"wisdom can be found, it can be lived"
"visdom kan hittas, den kan levas"
"it is possible to be carried by wisdom"
"det är möjligt att bäras av visdom"
"miracles can be performed with wisdom"
"mirakel kan utföras med visdom"
"but wisdom cannot be expressed in words or taught"
"men visdom kan inte uttryckas i ord eller läras ut"
"This was what I sometimes suspected, even as a young man"

"Det här var vad jag ibland misstänkte, även som ung man"
"this is what has driven me away from the teachers"
"det här har drivit mig bort från lärarna"
"I have found a thought which you'll regard as foolishness"
"Jag har hittat en tanke som du kommer att betrakta som dårskap"
"but this thought has been my best"
"men den här tanken har varit min bästa"
"The opposite of every truth is just as true!"
"Motsatsen till varje sanning är lika sann!"
"any truth can only be expressed when it is one-sided"
"alla sanningar kan bara uttryckas när den är ensidig"
"only one sided things can be put into words"
"bara ensidiga saker kan sätta ord på"
"Everything which can be thought is one-sided"
"Allt som kan tänkas är ensidigt"
"it's all one-sided, so it's just one half"
"det hela är ensidigt, så det är bara en halv"
"it all lacks completeness, roundness, and oneness"
"det hela saknar fullständighet, rundhet och enhet"
"the exalted Gotama spoke in his teachings of the world"
"den upphöjde Gotama talade i sin lära om världen"
"but he had to divide the world into Sansara and Nirvana"
"men han var tvungen att dela upp världen i Sansara och Nirvana"
"he had divided the world into deception and truth"
"han hade delat upp världen i bedrägeri och sanning"
"he had divided the world into suffering and salvation"
"han hade delat upp världen i lidande och frälsning"
"the world cannot be explained any other way"
"världen kan inte förklaras på annat sätt"
"there is no other way to explain it, for those who want to teach"
"det finns inget annat sätt att förklara det, för de som vill undervisa"
"But the world itself is never one-sided"

"Men världen i sig är aldrig ensidig"
"the world exists around us and inside of us"
"världen finns runt oss och inom oss"
"A person or an act is never entirely Sansara or entirely Nirvana"
"En person eller en handling är aldrig helt Sansara eller helt Nirvana"
"a person is never entirely holy or entirely sinful"
"en person är aldrig helt helig eller helt syndig"
"It seems like the world can be divided into these opposites"
"Det verkar som om världen kan delas upp i dessa motsatser"
"but that's because we are subject to deception"
"men det är för att vi är föremål för bedrägeri"
"it's as if the deception was something real"
"det är som om bedrägeriet var något verkligt"
"Time is not real, Govinda"
"Tiden är inte verklig, Govinda"
"I have experienced this often and often again"
"Jag har upplevt detta ofta och ofta igen"
"when time is not real, the gap between the world and the eternity is also a deception"
"när tiden inte är verklig, är klyftan mellan världen och evigheten också ett bedrägeri"
"the gap between suffering and blissfulness is not real"
"Klyftan mellan lidande och lycka är inte verklig"
"there is no gap between evil and good"
"det finns ingen klyfta mellan ont och gott"
"all of these gaps are deceptions"
"alla dessa luckor är bedrägerier"
"but these gaps appear to us nonetheless"
"men dessa luckor visas ändå för oss"
"How come?" asked Govinda timidly
"Hur kommer det sig?" frågade Govinda blygt
"Listen well, my dear," answered Siddhartha
"Lyssna väl, min kära," svarade Siddhartha
"The sinner, which I am and which you are, is a sinner"

"Syndaren, som jag är och som du är, är en syndare"
"but in times to come the sinner will be Brahma again"
"men i framtiden kommer syndaren att bli Brahma igen"
"he will reach the Nirvana and be Buddha"
"han kommer att nå Nirvana och vara Buddha"
"the times to come are a deception"
"De kommande tiderna är ett bedrägeri"
"the times to come are only a parable!"
"De kommande tiderna är bara en liknelse!"
"The sinner is not on his way to become a Buddha"
"Syndaren är inte på väg att bli en Buddha"
"he is not in the process of developing"
"han är inte i färd med att utvecklas"
"our capacity for thinking does not know how else to picture these things"
"vår förmåga att tänka vet inte hur vi annars ska föreställa oss dessa saker"
"No, within the sinner there already is the future Buddha"
"Nej, inom syndaren finns redan den framtida Buddha"
"his future is already all there"
"hans framtid är redan där"
"you have to worship the Buddha in the sinner"
"du måste dyrka Buddha i syndaren"
"you have to worship the Buddha hidden in everyone"
"du måste dyrka Buddha gömd i alla"
"the hidden Buddha which is coming into being the possible"
"den dolda Buddha som kommer till det möjliga"
"The world, my friend Govinda, is not imperfect"
"Världen, min vän Govinda, är inte ofullkomlig"
"the world is on no slow path towards perfection"
"Världen är på ingen långsam väg mot perfektion"
"no, the world is perfect in every moment"
"nej, världen är perfekt i varje ögonblick"
"all sin already carries the divine forgiveness in itself"
"all synd bär redan den gudomliga förlåtelsen i sig själv"

"**all small children already have the old person in themselves**"
"alla små barn har redan den gamla i sig"
"**all infants already have death in them**"
"alla spädbarn har redan döden i sig"
"**all dying people have the eternal life**"
"alla döende människor har det eviga livet"
"**we can't see how far another one has already progressed on his path**"
"vi kan inte se hur långt en annan redan har kommit på sin väg"
"**in the robber and dice-gambler, the Buddha is waiting**"
"i rånaren och tärningsspelaren väntar Buddha"
"**in the Brahman, the robber is waiting**"
"i Brahmanen väntar rånaren"
"**in deep meditation, there is the possibility to put time out of existence**"
"i djup meditation finns det möjlighet att sätta tiden ur existens"
"**there is the possibility to see all life simultaneously**"
"det finns möjlighet att se allt liv samtidigt"
"**it is possible to see all life which was, is, and will be**"
"det är möjligt att se allt liv som var, är och kommer att vara"
"**and there everything is good, perfect, and Brahman**"
"och där är allt bra, perfekt och brahman"
"**Therefore, I see whatever exists as good**"
"Därför ser jag allt som finns som bra"
"**death is to me like life**"
"döden är för mig som livet"
"**to me sin is like holiness**"
"för mig är synd som helighet"
"**wisdom can be like foolishness**"
"visdom kan vara som dårskap"
"**everything has to be as it is**"
"allt måste vara som det är"
"**everything only requires my consent and willingness**"

"allt kräver bara mitt samtycke och vilja"
"all that my view requires is my loving agreement to be good for me"
"allt som min åsikt kräver är att min kärleksfulla överenskommelse är bra för mig"
"my view has to do nothing but work for my benefit"
"min åsikt måste inte göra något annat än att arbeta för min fördel"
"and then my perception is unable to ever harm me"
"och då kan min uppfattning aldrig skada mig"
"I have experienced that I needed sin very much"
"Jag har upplevt att jag behövde synd väldigt mycket"
"I have experienced this in my body and in my soul"
"Jag har upplevt detta i min kropp och i min själ"
"I needed lust, the desire for possessions, and vanity"
"Jag behövde lust, begär efter ägodelar och fåfänga"
"and I needed the most shameful despair"
"och jag behövde den mest skamliga förtvivlan"
"in order to learn how to give up all resistance"
"för att lära sig att ge upp allt motstånd"
"in order to learn how to love the world"
"för att lära sig att älska världen"
"in order to stop comparing things to some world I wished for"
"för att sluta jämföra saker med någon värld jag önskat mig"
"I imagined some kind of perfection I had made up"
"Jag föreställde mig någon sorts perfektion som jag hade hittat på"
"but I have learned to leave the world as it is"
"men jag har lärt mig att lämna världen som den är"
"I have learned to love the world as it is"
"Jag har lärt mig att älska världen som den är"
"and I learned to enjoy being a part of it"
"och jag lärde mig att njuta av att vara en del av det"
"These, oh Govinda, are some of the thoughts which have come into my mind"

"Dessa, åh Govinda, är några av de tankar som har kommit i mitt sinne"

Siddhartha bent down and picked up a stone from the ground
Siddhartha böjde sig ner och plockade upp en sten från marken
he weighed the stone in his hand
han vägde stenen i handen
"This here," he said playing with the rock, "is a stone"
"Det här här," sa han och lekte med stenen, "är en sten"
"this stone will, after a certain time, perhaps turn into soil"
"denna sten kommer, efter en viss tid, kanske att förvandlas till jord"
"it will turn from soil into a plant or animal or human being"
"det kommer att förvandlas från jord till en växt eller ett djur eller en människa"
"In the past, I would have said this stone is just a stone"
"Tidigare skulle jag ha sagt att den här stenen bara är en sten"
"I might have said it is worthless"
"Jag kanske har sagt att det är värdelöst"
"I would have told you this stone belongs to the world of the Maya"
"Jag skulle ha sagt att den här stenen tillhör Mayavärlden"
"but I wouldn't have seen that it has importance"
"men jag skulle inte ha sett att det har betydelse"
"it might be able to become a spirit in the cycle of transformations"
"det kanske kan bli en ande i omvandlingscykeln"
"therefore I also grant it importance"
"Därför ger jag det också betydelse"
"Thus, I would perhaps have thought in the past"
"Därför skulle jag kanske ha tänkt tidigare"
"But today I think differently about the stone"
"Men idag tänker jag annorlunda om stenen"
"this stone is a stone, and it is also animal, god, and Buddha"

"denna sten är en sten, och den är också djur, gud och Buddha"
"I do not venerate and love it because it could turn into this or that"
"Jag vördar och älskar det inte för det kan bli det eller det"
"I love it because it is those things"
"Jag älskar det för att det är de där sakerna"
"this stone is already everything"
"den här stenen är redan allt"
"it appears to me now and today as a stone"
"det framstår för mig nu och idag som en sten"
"that is why I love this"
"det är därför jag älskar det här"
"that is why I see worth and purpose in each of its veins and cavities"
"det är därför jag ser värdet och syftet i var och en av dess ådror och håligheter"
"I see value in its yellow, gray, and hardness"
"Jag ser värde i dess gula, gråa och hårdhet"
"I appreciated the sound it makes when I knock at it"
"Jag uppskattade ljudet det ger när jag knackar på det"
"I love the dryness or wetness of its surface"
"Jag älskar torrheten eller fuktigheten på dess yta"
"There are stones which feel like oil or soap"
"Det finns stenar som känns som olja eller tvål"
"and other stones feel like leaves or sand"
"och andra stenar känns som löv eller sand"
"and every stone is special and prays the Om in its own way"
"och varje sten är speciell och ber Om på sitt eget sätt"
"each stone is Brahman"
"varje sten är brahman"
"but simultaneously, and just as much, it is a stone"
"men samtidigt, och lika mycket, är det en sten"
"it is a stone regardless of whether it's oily or juicy"
"det är en sten oavsett om den är fet eller saftig"
"and this why I like and regard this stone"

"och det är därför jag gillar och betraktar den här stenen"
"it is wonderful and worthy of worship"
"den är underbar och värd att dyrkas"
"But let me speak no more of this"
"Men låt mig inte prata mer om detta"
"words are not good for transmitting the secret meaning"
"ord är inte bra för att förmedla den hemliga betydelsen"
"everything always becomes a bit different, as soon as it is put into words"
"allt blir alltid lite annorlunda, så fort det sätts ord på det"
"everything gets distorted a little by words"
"allt blir lite förvrängt av ord"
"and then the explanation becomes a bit silly"
"och då blir förklaringen lite dum"
"yes, and this is also very good, and I like it a lot"
"Ja, och det här är också väldigt bra, och jag gillar det mycket"
"I also very much agree with this"
"Jag håller också mycket med om detta"
"one man's treasure and wisdom always sounds like foolishness to another person"
"en mans skatt och visdom låter alltid som dårskap för en annan person"
Govinda listened silently to what Siddhartha was saying
Govinda lyssnade tyst på vad Siddhartha sa
there was a pause and Govinda hesitantly asked a question
det blev en paus och Govinda ställde tveksamt en fråga
"Why have you told me this about the stone?"
"Varför har du berättat detta för mig om stenen?"
"I did it without any specific intention"
"Jag gjorde det utan någon specifik avsikt"
"perhaps what I meant was, that I love this stone and the river"
"det jag menade kanske var att jag älskar den här stenen och floden"
"and I love all these things we are looking at"
"och jag älskar alla dessa saker vi tittar på"

"and we can learn from all these things"
"och vi kan lära av alla dessa saker"
"I can love a stone, Govinda"
"Jag kan älska en sten, Govinda"
"and I can also love a tree or a piece of bark"
"och jag kan också älska ett träd eller en barkbit"
"These are things, and things can be loved"
"Det här är saker och saker kan älskas"
"but I cannot love words"
"men jag kan inte älska ord"
"therefore, teachings are no good for me"
"Därför är läror inte bra för mig"
"teachings have no hardness, softness, colours, edges, smell, or taste"
"läror har ingen hårdhet, mjukhet, färger, kanter, lukt eller smak"
"teachings have nothing but words"
"läror har inget annat än ord"
"perhaps it is words which keep you from finding peace"
"det kanske är ord som hindrar dig från att finna frid"
"because salvation and virtue are mere words"
"för frälsning och dygd är bara ord"
"Sansara and Nirvana are also just mere words, Govinda"
"Sansara och Nirvana är också bara ord, Govinda"
"there is no thing which would be Nirvana"
"det finns inget som skulle vara Nirvana"
"therefore Nirvana is just the word"
" Därför är Nirvana bara ordet"
Govinda objected, "Nirvana is not just a word, my friend"
Govinda invände, "Nirvana är inte bara ett ord, min vän"
"Nirvana is a word, but also it is a thought"
"Nirvana är ett ord, men det är också en tanke"
Siddhartha continued, "it might be a thought"
Siddhartha fortsatte, "det kan vara en tanke"
"I must confess, I don't differentiate much between thoughts and words"

"Jag måste erkänna, jag skiljer inte så mycket på tankar och ord"
"to be honest, I also have no high opinion of thoughts"
"för att vara ärlig, jag har heller ingen hög uppfattning om tankar"
"I have a better opinion of things than thoughts"
"Jag har en bättre uppfattning om saker än tankar"
"Here on this ferry-boat, for instance, a man has been my predecessor"
"Här på den här färjan, till exempel, har en man varit min föregångare"
"he was also one of my teachers"
"han var också en av mina lärare"
"a holy man, who has for many years simply believed in the river"
"en helig man, som i många år helt enkelt har trott på floden"
"and he believed in nothing else"
"och han trodde inte på något annat"
"He had noticed that the river spoke to him"
"Han hade märkt att floden talade till honom"
"he learned from the river"
"han lärde sig av floden"
"the river educated and taught him"
"floden utbildade och lärde honom"
"the river seemed to be a god to him"
"floden verkade vara en gud för honom"
"for many years he did not know that everything was as divine as the river"
"i många år visste han inte att allt var så gudomligt som floden"
"the wind, every cloud, every bird, every beetle"
"vinden, varje moln, varje fågel, varje skalbagge"
"they can teach just as much as the river"
"de kan lära ut lika mycket som floden"
"But when this holy man went into the forests, he knew everything"

"Men när denne helige man gick in i skogarna visste han allt"
"he knew more than you and me, without teachers or books"
"han visste mer än du och jag, utan lärare eller böcker"
"he knew more than us only because he had believed in the river"
"han visste mer än vi bara för att han hade trott på floden"

Govinda still had doubts and questions
Govinda hade fortfarande tvivel och frågor
"But is that what you call things actually something real?"
"Men är det vad du kallar saker och ting faktiskt något verkligt?"
"do these things have existence?"
"finns dessa saker existens?"
"Isn't it just a deception of the Maya"
"Är det inte bara ett bedrägeri av Maya"
"aren't all these things an image and illusion?"
"Är inte alla dessa saker en bild och illusion?"
"Your stone, your tree, your river"
"Din sten, ditt träd, din flod"
"are they actually a reality?"
"är de verkligen verklighet?"
"This too," spoke Siddhartha, "I do not care very much about"
"Också detta," sa Siddhartha, "jag bryr mig inte särskilt mycket om"
"Let the things be illusions or not"
"Låt sakerna vara illusioner eller inte"
"after all, I would then also be an illusion"
"jag skulle ju då också vara en illusion"
"and if these things are illusions then they are like me"
"och om dessa saker är illusioner så är de som jag"
"This is what makes them so dear and worthy of veneration for me"
"Det här är vad som gör dem så kära och värda vördnad för mig"

"these things are like me and that is how I can love them"
"dessa saker är som jag och det är så jag kan älska dem"
"this is a teaching you will laugh about"
"det här är en lära du kommer att skratta åt"
"love, oh Govinda, seems to me to be the most important thing of all"
"kärlek, åh Govinda, verkar för mig vara det viktigaste av allt"
"to thoroughly understand the world may be what great thinkers do"
"att grundligt förstå världen kan vara vad stora tänkare gör"
"they explain the world and despise it"
"de förklarar världen och föraktar den"
"But I'm only interested in being able to love the world"
"Men jag är bara intresserad av att kunna älska världen"
"I am not interested in despising the world"
"Jag är inte intresserad av att förakta världen"
"I don't want to hate the world"
"Jag vill inte hata världen"
"and I don't want the world to hate me"
"och jag vill inte att världen ska hata mig"
"I want to be able to look upon the world and myself with love"
"Jag vill kunna se på världen och mig själv med kärlek"
"I want to look upon all beings with admiration"
"Jag vill se på alla varelser med beundran"
"I want to have a great respect for everything"
"Jag vill ha stor respekt för allt"
"This I understand," spoke Govinda
"Det här förstår jag", sa Govinda
"But this very thing was discovered by the exalted one to be a deception"
"Men just detta upptäcktes av den upphöjde som ett bedrägeri"
"He commands benevolence, clemency, sympathy, tolerance"
"Han befaller välvilja, nåd, sympati, tolerans"
"but he does not command love"

"men han befaller inte kärlek"
"he forbade us to tie our heart in love to earthly things"
"han förbjöd oss att binda vårt hjärta i kärlek till jordiska ting"
"I know it, Govinda," said Siddhartha, and his smile shone golden
"Jag vet det, Govinda," sa Siddhartha, och hans leende lyste guld
"And behold, with this we are right in the thicket of opinions"
"Och se, med detta har vi rätt i åsikternas snår"
"now we are in the dispute about words"
"nu är vi i dispyten om ord"
"For I cannot deny, my words of love are a contradiction"
"För jag kan inte förneka, mina kärleksord är en motsägelse"
"they seem to be in contradiction with Gotama's words"
"de verkar vara i motsägelse till Gotamas ord"
"For this very reason, I distrust words so much"
"Just av den anledningen litar jag så mycket på ord"
"because I know this contradiction is a deception"
"eftersom jag vet att denna motsägelse är ett bedrägeri"
"I know that I am in agreement with Gotama"
"Jag vet att jag håller med Gotama"
"How could he not know love when he has discovered all elements of human existence"
"Hur kunde han inte känna kärlek när han har upptäckt alla delar av mänsklig existens"
"he has discovered their transitoriness and their meaninglessness"
"han har upptäckt deras förgänglighet och deras meningslöshet"
"and yet he loved people very much"
"och ändå älskade han människor väldigt mycket"
"he used a long, laborious life only to help and teach them!"
"han använde ett långt, mödosamt liv bara för att hjälpa och lära dem!"

"Even with your great teacher, I prefer things over the words"
"Även med din fantastiska lärare föredrar jag saker framför orden"
"I place more importance on his acts and life than on his speeches"
"Jag lägger större vikt vid hans handlingar och liv än på hans tal"
"I value the gestures of his hand more than his opinions"
"Jag värdesätter hans hands gester mer än hans åsikter"
"for me there was nothing in his speech and thoughts"
"för mig fanns det ingenting i hans tal och tankar"
"I see his greatness only in his actions and in his life"
"Jag ser hans storhet bara i hans handlingar och i hans liv"

For a long time, the two old men said nothing
Länge sa de två gubbarna ingenting
Then Govinda spoke, while bowing for a farewell
Sedan talade Govinda, medan han bugade för ett farväl
"I thank you, Siddhartha, for telling me some of your thoughts"
"Jag tackar dig, Siddhartha, för att du berättade några av dina tankar"
"These thoughts are partially strange to me"
"Dessa tankar är delvis konstiga för mig"
"not all of these thoughts have been instantly understandable to me"
"inte alla dessa tankar har varit omedelbart begripliga för mig"
"This being as it may, I thank you"
"Hur det nu är så tackar jag dig"
"and I wish you to have calm days"
"och jag önskar att du får lugna dagar"
But secretly he thought something else to himself
Men i hemlighet tänkte han något annat för sig själv
"This Siddhartha is a bizarre person"
"Denna Siddhartha är en bisarr person"

"he expresses bizarre thoughts"
"han uttrycker bisarra tankar"
"his teachings sound foolish"
"hans läror låter dumt"
"the exalted one's pure teachings sound very different"
"den upphöjdes rena läror låter väldigt olika"
"those teachings are clearer, purer, more comprehensible"
"dessa läror är tydligare, renare, mer begripliga"
"there is nothing strange, foolish, or silly in those teachings"
"det finns inget konstigt, dumt eller dumt i dessa läror"
"But Siddhartha's hands seemed different from his thoughts"
"Men Siddharthas händer verkade annorlunda än hans tankar"
"his feet, his eyes, his forehead, his breath"
"hans fötter, hans ögon, hans panna, hans andetag"
"his smile, his greeting, his walk"
"hans leende, hans hälsning, hans promenad"
"I haven't met another man like him since Gotama became one with the Nirvana"
"Jag har inte träffat en annan man som honom sedan Gotama blev ett med Nirvana"
"since then I haven't felt the presence of a holy man"
"sedan dess har jag inte känt närvaron av en helig man"
"I have only found Siddhartha, who is like this"
"Jag har bara hittat Siddhartha, som är så här"
"his teachings may be strange and his words may sound foolish"
"hans läror kan vara konstiga och hans ord kan låta dumma"
"but purity shines out of his gaze and hand"
"men renhet lyser ur hans blick och hand"
"his skin and his hair radiates purity"
"hans hud och hans hår utstrålar renhet"
"purity shines out of every part of him"
"renhet lyser ur varje del av honom"

"a calmness, cheerfulness, mildness and holiness shines from him"
"ett lugn, glädje, mildhet och helighet lyser från honom"
"something which I have seen in no other person"
"något som jag inte har sett hos någon annan person"
"I have not seen it since the final death of our exalted teacher"
"Jag har inte sett det sedan vår upphöjda lärares slutgiltiga död"
While Govinda thought like this, there was a conflict in his heart
Medan Govinda tänkte så här fanns det en konflikt i hans hjärta
he once again bowed to Siddhartha
han bugade återigen för Siddhartha
he felt he was drawn forward by love
han kände att han drogs fram av kärlek
he bowed deeply to him who was calmly sitting
han bugade sig djupt för den som satt lugnt
"Siddhartha," he spoke, "we have become old men"
"Siddhartha," sa han, "vi har blivit gamla män"
"It is unlikely for one of us to see the other again in this incarnation"
"Det är osannolikt för en av oss att se den andre igen i denna inkarnation"
"I see, beloved, that you have found peace"
"Jag ser, älskade, att du har funnit frid"
"I confess that I haven't found it"
"Jag erkänner att jag inte har hittat den"
"Tell me, oh honourable one, one more word"
"Säg mig, o ärade, ett ord till"
"give me something on my way which I can grasp"
"ge mig något på vägen som jag kan fatta"
"give me something which I can understand!"
"ge mig något som jag kan förstå!"
"give me something I can take with me on my path"

"ge mig något jag kan ta med mig på min väg"
"my path is often hard and dark, Siddhartha"
"min väg är ofta hård och mörk, Siddhartha"
Siddhartha said nothing and looked at him
Siddhartha sa ingenting och tittade på honom
he looked at him with his ever unchanged, quiet smile
han tittade på honom med sitt alltid oförändrade, tysta leende
Govinda stared at his face with fear
Govinda stirrade på hans ansikte med rädsla
there was yearning and suffering in his eyes
det fanns längtan och lidande i hans ögon
the eternal search was visible in his look
det eviga sökandet syntes i hans blick
you could see his eternal inability to find
man kunde se hans eviga oförmåga att hitta
Siddhartha saw it and smiled
Siddhartha såg det och log
"Bend down to me!" he whispered quietly in Govinda's ear
"Böj dig ner mot mig!" viskade han tyst i Govindas öra
"Like this, and come even closer!"
"Så här, och kom ännu närmare!"
"Kiss my forehead, Govinda!"
"Kyss min panna, Govinda!"
Govinda was astonished, but drawn on by great love and expectation
Govinda var förvånad, men drogs till av stor kärlek och förväntan
he obeyed his words and bent down closely to him
han lydde hans ord och böjde sig nära honom
and he touched his forehead with his lips
och han rörde vid sin panna med sina läppar
when he did this, something miraculous happened to him
när han gjorde detta hände något mirakulöst med honom
his thoughts were still dwelling on Siddhartha's wondrous words

hans tankar uppehöll sig fortfarande vid Siddharthas underbara ord
he was still reluctantly struggling to think away time
han kämpade fortfarande motvilligt med att tänka bort tiden
he was still trying to imagine Nirvana and Sansara as one
han försökte fortfarande föreställa sig Nirvana och Sansara som en
there was still a certain contempt for the words of his friend
det fanns fortfarande ett visst förakt för hans väns ord
those words were still fighting in him
de orden kämpade fortfarande i honom
those words were still fighting against an immense love and veneration
dessa ord kämpade fortfarande mot en enorm kärlek och vördnad
and during all these thoughts, something else happened to him
och under alla dessa tankar hände något annat honom
He no longer saw the face of his friend Siddhartha
Han såg inte längre ansiktet på sin vän Siddhartha
instead of Siddhartha's face, he saw other faces
istället för Siddharthas ansikte såg han andra ansikten
he saw a long sequence of faces
han såg en lång sekvens av ansikten
he saw a flowing river of faces
han såg en strömmande flod av ansikten
hundreds and thousands of faces, which all came and disappeared
hundratals och tusentals ansikten, som alla kom och försvann
and yet they all seemed to be there simultaneously
och ändå verkade de alla vara där samtidigt
they constantly changed and renewed themselves
de förändrades och förnyade sig hela tiden
they were themselves and they were still all Siddhartha's face

de var sig själva och de var fortfarande alla Siddharthas
ansikte
he saw the face of a fish with an infinitely painfully opened mouth
han såg ansiktet på en fisk med en oändligt smärtsamt öppen mun
the face of a dying fish, with fading eyes
ansiktet på en döende fisk, med blekande ögon
he saw the face of a new-born child, red and full of wrinkles
han såg ansiktet på ett nyfött barn, rött och fullt av rynkor
it was distorted from crying
det var förvrängt från gråt
he saw the face of a murderer
han såg ansiktet på en mördare
he saw him plunging a knife into the body of another person
han såg honom kasta en kniv i en annan persons kropp
he saw, in the same moment, this criminal in bondage
han såg i samma ögonblick denne brottsling i träldom
he saw him kneeling before a crowd
han såg honom knäböja framför en folkmassa
and he saw his head being chopped off by the executioner
och han såg hans huvud bli avhugget av bödeln
he saw the bodies of men and women
han såg mäns och kvinnors kroppar
they were naked in positions and cramps of frenzied love
de var nakna i ställningar och kramper av frenesierad kärlek
he saw corpses stretched out, motionless, cold, void
han såg lik utsträckta, orörliga, kalla, tomma
he saw the heads of animals
han såg djurens huvuden
heads of boars, of crocodiles, and of elephants
huvuden på galtar, krokodiler och elefanter
he saw the heads of bulls and of birds
han såg huvuden på tjurar och fåglar
he saw gods; Krishna and Agni

han såg gudar; Krishna och Agni
he saw all of these figures and faces in a thousand relationships with one another
han såg alla dessa figurer och ansikten i tusen relationer med varandra
each figure was helping the other
varje figur hjälpte den andra
each figure was loving their relationship
varje figur älskade sin relation
each figure was hating their relationship, destroying it
varje figur hatade sitt förhållande och förstörde det
and each figure was giving re-birth to their relationship
och varje figur återfödde sin relation
each figure was a will to die
varje figur var en vilja att dö
they were passionately painful confessions of transitoriness
de var passionerat smärtsamma bekännelser om förgänglighet
and yet none of them died, each one only transformed
och ändå dog ingen av dem, var och en bara förvandlades
they were always reborn and received more and more new faces
de återföddes alltid och fick fler och fler nya ansikten
no time passed between the one face and the other
ingen tid gick mellan det ena ansiktet och det andra
all of these figures and faces rested
alla dessa gestalter och ansikten vilade
they flowed and generated themselves
de flödade och skapade sig själva
they floated along and merged with each other
de flöt med och smälte samman med varandra
and they were all constantly covered by something thin
och de var alla ständigt täckta av något tunt
they had no individuality of their own
de hade ingen egen individualitet
but yet they were existing
men ändå fanns de

they were like a thin glass or ice
de var som ett tunt glas eller is
they were like a transparent skin
de var som ett genomskinligt skinn
they were like a shell or mould or mask of water
de var som ett skal eller mögel eller mask av vatten
and this mask was smiling
och den här masken log
and this mask was Siddhartha's smiling face
och denna mask var Siddharthas leende ansikte
the mask which Govinda was touching with his lips
masken som Govinda rörde med sina läppar
And, Govinda saw it like this
Och Govinda såg det så här
the smile of the mask
maskens leende
the smile of oneness above the flowing forms
enhetens leende ovanför de flödande formerna
the smile of simultaneousness above the thousand births and deaths
samtidighetens leende över de tusen födslar och dödsfall
the smile of Siddhartha's was precisely the same
Siddharthas leende var exakt detsamma
Siddhartha's smile was the same as the quiet smile of Gotama, the Buddha
Siddharthas leende var detsamma som Gotamas, Buddhas, tysta leende
it was delicate and impenetrable smile
det var ett känsligt och ogenomträngligt leende
perhaps it was benevolent and mocking, and wise
kanske var det välvilligt och hånfullt och klokt
the thousand-fold smile of Gotama, the Buddha
det tusenfaldiga leendet från Gotama, Buddha
as he had seen it himself with great respect a hundred times
som han själv sett det med stor respekt hundra gånger
Like this, Govinda knew, the perfected ones are smiling

Så här, visste Govinda, ler de fulländade
he did not know anymore whether time existed
han visste inte längre om tiden fanns
he did not know whether the vision had lasted a second or a hundred years
han visste inte om synen hade varat en sekund eller hundra år
he did not know whether a Siddhartha or a Gotama existed
han visste inte om en Siddhartha eller en Gotama existerade
he did not know if a me or a you existed
han visste inte om ett jag eller ett du existerade
he felt in his as if he had been wounded by a divine arrow
han kände i sitt som om han hade blivit sårad av en gudomlig pil
the arrow pierced his innermost self
pilen genomborrade hans innersta
the injury of the divine arrow tasted sweet
skadan av den gudomliga pilen smakade sött
Govinda was enchanted and dissolved in his innermost self
Govinda var förtrollad och upplöst i sitt innersta
he stood still for a little while
han stod stilla en liten stund
he bent over Siddhartha's quiet face, which he had just kissed
han böjde sig över Siddharthas tysta ansikte, som han just hade kysst
the face in which he had just seen the scene of all manifestations
ansiktet i vilket han just hade sett scenen för alla manifestationer
the face of all transformations and all existence
ansiktet för alla transformationer och all existens
the face he was looking at was unchanged
ansiktet han tittade på var oförändrat
under its surface, the depth of the thousand folds had closed up again
under dess yta hade djupet av de tusen vecken slutit sig igen

he smiled silently, quietly, and softly
han log tyst, tyst och mjukt
perhaps he smiled very benevolently and mockingly
kanske log han mycket välvilligt och hånfullt
precisely this was how the exalted one smiled
det var just så den upphöjde log
Deeply, Govinda bowed to Siddhartha
Govinda bugade sig djupt för Siddhartha
tears he knew nothing of ran down his old face
tårar han inte visste något om rann nerför hans gamla ansikte
his tears burned like a fire of the most intimate love
hans tårar brann som en eld av den mest intima kärleken
he felt the humblest veneration in his heart
han kände den ödmjukaste vördnad i sitt hjärta
Deeply, he bowed, touching the ground
Djupt böjde han sig och rörde vid marken
he bowed before him who was sitting motionlessly
han bugade sig framför honom som satt orörlig
his smile reminded him of everything he had ever loved in his life
hans leende påminde honom om allt han någonsin älskat i sitt liv
his smile reminded him of everything in his life that he found valuable and holy
hans leende påminde honom om allt i hans liv som han fann värdefullt och heligt